区块链的
核心功能及全参与方

姜晖 著

电子工业出版社
Publishing House of Electronics Industry
北京·BEIJING

未经许可，不得以任何方式复制或抄袭本书之部分或全部内容。
版权所有，侵权必究。

图书在版编目（CIP）数据

区块链的核心功能及全参与方/姜晖著. —北京：电子工业出版社，2020.4
ISBN 978-7-121-38260-4

Ⅰ.①区... Ⅱ.①姜... Ⅲ.①电子商务－支付方式－研究 Ⅳ.①F713.361.3

中国版本图书馆 CIP 数据核字（2020）第 020928 号

策划编辑：缪晓红　　责任编辑：刘小琳
印　　刷：三河市华成印务有限公司
装　　订：三河市华成印务有限公司
出版发行：电子工业出版社
　　　　　北京市海淀区万寿路 173 信箱　　邮编：100036
开　　本：720×1000　1/16　印张：12.5　字数：237 千字
版　　次：2020 年 4 月第 1 版
印　　次：2020 年 4 月第 1 次印刷
定　　价：68.00 元

凡所购买电子工业出版社图书有缺损问题，请向购买书店调换。若书店售缺，请与本社发行部联系，联系及邮购电话：(010) 88254888，88258888。
质量投诉请发邮件至 zlts@phei.com.cn，盗版侵权举报请发邮件至 dbqq@phei.com.cn。
本书咨询联系方式：mxh@phei.com.cn。

前　　言

"区块链到底有什么用？"这是周围的朋友和同事问的关于区块链最多的一个问题。很多人对区块链或多或少有一定的了解，面对主动或被动获得的一些答案，这些分布于各领域的业务或技术资深从业者，内心真正认同的，可能并不占多数。

我在从事区块链研究的过程中，对区块链的认知也是逐步深入的。很多之前认为是前提的认知、深信不疑的定义、看似不证自明的理论，随着理解的加深，也转换了观念。而且，在我的技术研究范围，从区块链扩展到了多个新兴信息技术领域以后，我对区块链的认知又加深了一层。以前作为行业内从业人员，会认为区块链无所不能；而站在泛 IT 的角度看，区块链和人工智能、大数据、物联网等这些新兴技术类似，都有自己特有的功能及擅长的领域，都有适合自己的业务场景，同时也都需要多项技术彼此支撑、相互融合，才能发挥出更大的作用。

区块链目前还处于探索阶段，很多新技术、新思路，从业人员和普通大众也都是同步认知的，还没有谁能对区块链的发展方向、未来能发挥多大的作用等这些问题，给出准确的判断。本书试图从多个维度，全方位地为读者解读区块链，介绍区块链当前的全貌，分享笔者对区块链的一些认知，谢谢！

2019 年 11 月于北京

目 录

第一章 区块链综述 ·· 1

1.1 区块链是什么：去中心化的分布式账本 ······································· 2
 1.1.1 初识"区块链"：朋友圈里的广而告之 ·································· 2
 1.1.2 区块链的识别：一个定义与两个特征 ·································· 3
 1.1.3 哈希映射：理解区块链的切入点 ······································· 6
 1.1.4 区块链的特征：从比特币说起 ··· 11

1.2 区块链的前世：思潮和技术的萌发 ·· 18
 1.2.1 时间戳的萌芽：中心化时间服务器 ···································· 18
 1.2.2 工作量证明的源头：哈希现金 ··· 19
 1.2.3 数字货币的先驱：B-money ·· 20
 1.2.4 去中心化的思潮：密码朋克 ··· 21

1.3 区块链的今生：波澜壮阔的十年 ··· 23
 1.3.1 联盟链的兴起：区块链研究的最大热点 ······························ 23
 1.3.2 各国政府的认可：政策和法律的推动 ································· 26
 1.3.3 投融资与企业分布：资本的嗅觉最灵敏 ····························· 32
 1.3.4 知识产权布局：开源不一定免费 ····································· 33

第二章 区块链的核心功能与行业应用 ··· 36

2.1 可信记录：数学保证不可篡改 ·· 37
 2.1.1 数据留痕：数字孪生的基石 ·· 37
 2.1.2 证据保存：永不休息的公证处 ··· 39
 2.1.3 信息透明：清楚的善款流向 ·· 41

2.1.4　产品溯源：不可变更的产地 ························· 43
　　2.1.5　信用穿透：供应链金融的拓展 ······················· 45
2.2　去中心化：人人平等的技术体现 ····························· 48
　　2.2.1　自由开户：自己给自己开账户 ······················· 49
　　2.2.2　随时连接：开放的全球网络 ························· 50
　　2.2.3　分布存储：永不丢失的数据 ························· 51
2.3　组建联盟：打造行业互信 ································· 53
　　2.3.1　数据共享：异地医保网络报销 ······················· 53
　　2.3.2　并行协同：高效的跨境汇款 ························· 55
　　2.3.3　优化流程：便捷保真的电子发票 ····················· 58
2.4　数字资产：可被交易的数据 ································· 60
　　2.4.1　价值传递：独一无二的信息 ························· 60
　　2.4.2　数字通证：有效的激励机制 ························· 63
2.5　隐私保护：个人身份隐藏 ································· 66
　　2.5.1　身份匿名：用密钥代替 ID ·························· 67
　　2.5.2　自主身份：获得身份所有权 ························· 70
2.6　智能合约：自动执行的数字合同 ····························· 74
　　2.6.1　机制透明：公平的游戏 ····························· 74
　　2.6.2　自动执行：公正的合同 ····························· 77
　　2.6.3　降本提效：高效的发行 ····························· 78

第三章　区块链技术基础及技术前沿 ································· 80

3.1　技术基础：区块链技术的擎天柱 ····························· 81
　　3.1.1　点对点网络：去中心化的底层协议 ··················· 81
　　3.1.2　非对称加密：无须传递密钥的密码算法 ··············· 82
　　3.1.3　共识机制：平等独立基础上的规则统一 ··············· 84
　　3.1.4　智能合约：交易触发的合同代码脚本 ················· 86
3.2　技术前沿：区块链技术的升维 ······························· 88
　　3.2.1　跨链："区块链"之"链" ··························· 88

目 录

   3.2.2 分片：局部的共识 ·· 92

   3.2.3 DAG：从"链"到"网" ·· 94

   3.2.4 李嘉图合约：升级版的智能合约 ····································· 97

第四章 主要的区块链项目 ·· 99

 4.1 比特币：最成功的区块链应用 ·· 100

 4.2 以太坊：智能合约的开创者 ·· 101

 4.3 超级账本：联盟链的王者 ··· 104

 4.4 Libra：数字世界的全球货币 ··· 107

第五章 区块链相关参与方动态 ·· 114

 5.1 国家机构：通过区块链实现监管 ·· 115

   5.1.1 央行：推进数字货币研发 ··· 115

   5.1.2 工信部：三大研究院推进区块链研究 ···························· 121

   5.1.3 公安部：推进数字身份研究 ·· 127

   5.1.4 法院：发布区块链司法存证应用白皮书 ························ 129

   5.1.5 国家版权局：版权保护中心 DCI 标准联盟链 ················ 134

   5.1.6 税务局：试行区块链电子发票 ······································ 137

 5.2 国外科技巨头：IBM、微软、Facebook、Nchain ······················ 137

   5.2.1 IBM：Fabric 主导者 ··· 137

   5.2.2 微软：布局 BaaS 和 DID ··· 140

   5.2.3 Facebook：发布 Libra 白皮书 ·· 141

   5.2.4 Nchain：专利最多 ·· 142

 5.3 国内科技巨头：阿里巴巴、腾讯、百度、华为 ······················· 144

   5.3.1 阿里巴巴：蚂蚁区块链 ··· 144

   5.3.2 腾讯：金融与游戏 ·· 148

   5.3.3 百度：超级链 Xuper ·· 152

   5.3.4 华为：区块链服务 BCS ··· 157

 5.4 国内传统企业：区块链赋能产业升级 ···································· 158

VII

5.4.1　制造业：海尔 ········· 159

  5.4.2　建筑业：广联达 ········· 162

  5.4.3　农业：中粮集团 ········· 165

  5.4.4　金融服务业：招商银行 ········· 168

第六章　区块链目前存在的问题及未来发展 ········· 171

  6.1　技术成熟度：膨胀与幻灭交替的探索期 ········· 172

  6.2　尚存的问题：业务模式与技术仍不完善 ········· 177

  6.3　区块链与前沿信息技术的融合 ········· 180

   6.3.1　区块链+物联网：确保上链数据可靠 ········· 181

   6.3.2　区块链+人工智能：攻守兼备的技术组合 ········· 182

   6.3.3　区块链+边缘计算：不怕被切断的独立系统 ········· 183

   6.3.4　区块链+云服务：快速部署的 BaaS ········· 184

参考文献 ········· 187

后记 ········· 191

第一章

区块链综述

2019年10月24日，中共中央政治局就区块链技术的发展现状和趋势进行了第十八次集体学习。浙江大学教授、中国工程院院士陈纯做了关于区块链的报告，中共中央总书记习近平用"18个要"强调，"把区块链作为核心技术自主创新的重要突破口""加快推动区块链技术和产业创新发展"等。

党中央的前瞻判断，让这几年已走入大众视野的"区块链"再次迅速火热起来，成为金融资本、实体经济和社会舆论共同关注的大热点。中央政治局这次集体学习，专门强调"区块链"，将其重要性提高到前所未有的高度，必将极大推动中国乃至全球区块链的发展及应用。

区块链"未来已来"。若想将区块链作为我国"换道超车"的突破口，首先需要了解区块链到底是什么。

1.1 区块链是什么：去中心化的分布式账本

只有知道区块链的确切定义，才能识别出哪些是区块链系统，才能对区块链加以规范及监管。现有的区块链定义多是描述性定义，模糊不清，不易辨别。本章节首先探索了区块链系统的定义。

1.1.1 初识"区块链"：朋友圈里的广而告之

身边有朋友问我什么是区块链，我尝试举个例子：你朋友向你借了100元钱，你在朋友圈里发布了这个信息，朋友圈里的人经过点对点的核实之后再把这个信息记在自己的账本上，这个按照时间顺序记下来的信息链条就是区块链。可回溯，不可篡改，可信。

区块链，顾名思义就是多个"区块"连接形成的"链"。在一定时间内的多条数据先组成了"区块"，不断产生的"区块"按照时间顺序连接形成的一条数据

"链",就是"区块链"。

区块链可以看成一个记录数据的分布式账本。这个账本拥有"块、链"结构，每个区块就相当于这个账本中的一页，随着数据量的增多，每隔一段时间就会新生成一个账本页，每页记载着这段时间间隔内发生的事件的数据。页和页之间按照先后顺序排列、连接，后一页接在前一页的后面，这就形成了一个"账本"。这个账本人手一本，即是分布式的账本。区块链就是一个可以"记账"的账本。

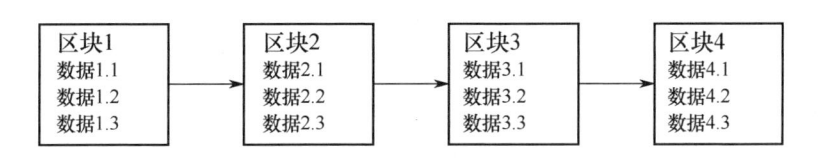

```
┌─────────┐    ┌─────────┐    ┌─────────┐    ┌─────────┐
│ 区块1   │    │ 区块2   │    │ 区块3   │    │ 区块4   │
│ 数据1.1 │───▶│ 数据2.1 │───▶│ 数据3.1 │───▶│ 数据4.1 │
│ 数据1.2 │    │ 数据2.2 │    │ 数据3.2 │    │ 数据4.2 │
│ 数据1.3 │    │ 数据2.3 │    │ 数据3.3 │    │ 数据4.3 │
└─────────┘    └─────────┘    └─────────┘    └─────────┘
```

图 1-1　区块链的简单模型

以上就是区块链的简单直观描述。那么，看起来很简单的区块链，究竟有哪些神奇之处呢？我们从区块链的定义和特征入手，来更进一步地了解区块链。

1.1.2　区块链的识别：一个定义与两个特征

很多书籍和文章介绍了区块链的定义，但多数是形象化的比喻或是描述性的定义，比如"账本""数据库""基础设施"等，通过这种定义很难准确识别出哪些 IT 系统是区块链系统，更无法实现对区块链的规范及监管等。本小节试图通过一个定义和两个特征揭示区块链的本质。

定义：区块链是一个去中心化的分布式账本。
特征一（关于增量）：用共识算法来对新增哪些数据及次序达成共识。
特征二（关于存量）：用密码学来保证已有数据不被篡改、不可抵赖。

可以说，一个去中心化的分布式系统，以密码学保证存量数据不被篡改，以共识算法对新增数据达成共识，就是一个区块链系统。

区块链最大的特点就是"去中心化"。依赖中心化的权威机构或中心化的服务中介，形成一个记录数据的账本很简单，但对于一个去中心化的账本，就涉及两个问题：一个是如何新增数据、新增数据如何确认、谁来确认、以什么标准确认；另一个是已有数据即存量数据的保管问题，谁来管、怎么管。

这个定义中的关键词是"去中心化"。20 世纪 70 年代至 90 年代的二十多年中，欧美国家发生了多起控制思想、愚弄大众、压制新技术发展的丑闻，比如英国情报机构为军事目的而封存非对称加密算法；美国国家安全局在非对称加密算法 RSA 公开后，采用立法、威胁学术出版商、警告作者等手段限制 RSA 的传播；美国政府监听民众通话、邮件事件；美国联邦政府颁布托管加密标准（EES）的同时却留有窃听后门……这一系列事件，让民众对中心体失去了绝对信任，一批欧美的密码学家、数学家们开始积极研究"去中心"的技术。

中本聪在 2008 年发布的比特币白皮书《比特币：一种点对点的电子现金系统》中，通过"比特币协议"给出了去中心化系统的一种实现方案。

一、引入共识算法解决新增数据问题，实现对新增区块数据的共识。

首先，以"工作量证明"机制（PoW，Proof of Work）确定谁可以新增数据，包括新增哪些数据，以及这些数据的顺序等：只有第一个完成规定计算工作的节点，才能发出关于新增数据的提案，从而保证一段时间内只有一个提案。每个节点的计算能力决定了发布提案的权重，这样整个系统就是高度民主的，无须一个中心化组织来分配各个节点的权重，节点也可以自由加入或退出。

其次，以"最长链原则"即少数服从多数原则，确定最终的一致性。

以工作量证明机制选出的节点、发出的提案即数据块，不一定被所有人都认可。这主要包括外部和内部两类原因：因为网络的延迟，各个节点最先接收到的提案可能是不同的；各个节点自身对当前提案的认可程度不同，有的节点同意这个提案，有的节点不同意这个提案。这些分歧，造成了区块链有可能出现分叉，分叉意味着全网的账本不统一。为了解决这个问题，通过"最长链原则"确定以分叉中的哪条链为准，即少数服从多数原则，以达成最终的一致。

最后，以"激励策略"来奖励正确的提案节点。为鼓励各节点竞争提案权、选择正确的分叉链，即鼓励节点记录新数据、保存已有数据，区块链系统会给出一定的奖励。弄虚作假或不遵守规则的节点没有奖励，相当于变相被惩罚。通过这种奖惩机制保障了区块链的正常运行。

二、引入密码算法，保证已发出信息或已有数据不可抵赖、不可篡改。

这里的密码算法主要包括哈希加密和非对称加密两类。

首先，应用哈希函数检验数据是否被篡改。

哈希函数，又称为哈希映射、哈希加密。简单来说，哈希映射可将任何的输入数据都映射成一个固定长度的字符串，这个映射输出可以称为哈希值或摘要。

哈希函数 Y=Hash(X)，有以下几个主要性质：

（1）单向性：由 X 可以很容易算出 Y= H(X)，但由 Y 很难得到 X;

（2）防碰撞性：很难找到不同的两个输入 X_1、X_2，使得输出是相同的，即 $H(X_1)= H(X_2)$；

（3）扰动性：X 的任何微小的变化，都会引起 Y 的巨大变化，即只要输入的 X 发生改变，哪怕只是一个字节的改变，经过哈希映射后的 Y 会发生很大的改变。

依照上面哈希函数的性质，我们可以在数据后面加上这些数据的哈希值。这样的话，当收到数据后收信人再计算一遍这些数据的哈希值，对比计算得来的哈希值和收到的哈希值两个哈希值是否相等，就可以知道这条信息是否被篡改过了。因为如果被篡改过，哪怕只有一个符号被更改，整个哈希值也会截然不同。而且根据哈希函数的性质，基本无法伪造出另一部分有同样哈希值的数据。

其次，非对称加密可以加密信息及身份验证，保证各方对自己发出的信息不可抵赖。

加密技术一般分为对称加密和非对称加密两类。对称加密只有一个密钥，可以理解成保险柜的钥匙。把消息加密变成密文，相当于把消息放在保险柜里；解密的时候需要用同样的密钥解密，相当于用这把保险柜的钥匙打开保险柜，才能看到里面的消息。

非对称加密有两个密钥，公钥和私钥，公钥是公开的，私钥只有本人拥有。两个密钥其中一个用于加密另一个用于解密，反之亦然。非对称加密除了和对称加密一样，可用于信息加密之外，还有另一个用途，就是可以验证身份，以及消息是否被篡改。"数字签名"就是其中一个重要的应用：在某个消息后面，发信人对这个消息做哈希运算，生成这个消息的"摘要"，然后用私钥加密，就生成了"数字签名"。这个数字签名可以放在这个消息的下面，类似信件的签名，发信人将这个消息连同数字签名一同发出；收信人首先用对应的公钥解密，得到消息摘要。然后再对消息进行哈希映射，将得到的结果与刚才的消息摘要进行对比，如果相同，就代表这个消息是本人发出的，而且没有被篡改过。

具有以上两个特征的去中心化系统，就是区块链系统。下面我们将以比特币为例，来认识区块链系统特征的表现。但在这之前，我们先更再深一步了解哈希的概念。

1.1.3　哈希映射：理解区块链的切入点

哈希映射是一个数学函数，又称为哈希函数、哈希算法或散列算法。简单来说，哈希映射可将任何的输入数据映射成一个固定长度的字符串，这个输出可以称为哈希值。

哈希映射是一种在任何数据中创建小的数字"指纹"的方法，也可以说是把数据压缩成数据"摘要"，使得数据量变小，这个摘要或指纹即哈希映射得出的哈希值，通常用一个短的字母和数字组成的字符串来表示。

哈希映射的数学形式可表示为：Y=Hash(X)，无论输入"X"是一个字母、数字、生字、一句话或一本书，经过哈希映射后会输出有固定长度位的"Y"，哈希函数 Hash 把不同长度的数据 X，映射成相同的长度的 Y。

哈希映射有几个主要的特性：

（1）单向性：Hash(X)=Y，即从 X 很容易计算出哈希值 Y，但反过来，通过 Y 很难得到 X。单向性又称为不可逆性。

这个特点很重要。在现实世界中的密码存储，就是哈希映射的应用之一。当我们在网络上的各种网站平台或 App 上注册时，经常需要注册账户并设置密码，这种密码可以通过哈希映射后再存储，即后台服务器存储这个密码信息的哈希摘要。当我们下一次重新登录的时候，输入账号和密码时，服务器就会通过相同的哈希函数处理你的密码，然后判断这个结果是否与之前存储的哈希摘要相匹配。这样的好处是，即使有黑客攻破了后台服务器，得到了你账户密码的哈希摘要，黑客也没有办法通过这个哈希摘要获得你的真实的密码，就是因为哈希函数的单向性（不可逆性）。

(2) 扰动性：Hash(X)=Y，即 X 的任何微小的变化，都会引起 Y 的巨大变化。

只要输入的 X 发生改变，哪怕只是一个字节的改变，经过哈希函数处理之后的 Y 会发生较大的改变。

在我们做大规模文本比对的时候，可以只比较两个大文本的哈希值，而不用直接比较这两个大文本了，这个性质可以直接减少计算的能耗及时长。比如，输入 X 是一篇文章，那么在文章中增加一个标点符号成为 X_1，输出的 Y_1 值和原来 Y 值，会大不一样，看不出任何关联，找出 Y_1 和 Y 的差异相对于 X_1 和 X 来说是更容易的。

(3) 防碰撞性：Hash(X)=Y，很难找到不同的两个输入，使得输出是相同的。

哈希函数可以将任何值映射成固定长度的值，所以映射后能取到的值的范围是有限的，而 X 的取值却可以是无限的，因此一定会存在两个不同的输入 X，哈希映射之后取到相同的 Y，这就叫"冲突"或"碰撞"。

例如，要找到一个 256 位输出的哈希函数的碰撞，可以用以下这个简单的方法：选出 2 的 256 次方+1 个不同 X 的值，计算出每个值的哈希值，然后检查是否有两个输出值是相同的。因为选择的输入值的数量超过了输出值全部可能的数量，所以哈希计算后至少会有一对数值冲突了。但这种遍历取值，2 的 256 次方的数量，相当于目前可观测到的宇宙中全部原子的数量，计算量非常大，即使集合全世界全网算力来执行这么大的计算，也需要几十年的时间，而且费用高昂，所以至今为止，通过遍历计算找出碰撞的可能性，几乎为零。

为对 Hash 函数有个直观认识，举一个简易的 Hash 函数的例子，下述为其映射规则：

设 Hash1(X)=#X×X#，这里的符号##，表示取 X×X 的中间三位。若为偶数个数位时，高位即左侧多留 1 位；若不足三个数位时在前面补 0。

输入 X	X×X	输出#X×X#
3	9	009
23	1156	156
123	15129	512
1234	1522756	227
1244	1547536	475
1235	1525225	252
2134	4553956	539

按前述定义的 Hash 映射，相比于输入，输出扩大了差别。平方运算后的中间位和这个数字中的每一数位都相关，经过这样的哈希映射规则，输出的哈希值扩大了差别。

实际中经常使用的哈希算法包括 MD5、SHA-1、SHA-256、SHA-384 及 SHA-512 等。比特币协议中的哈希算法是 SHA-256。2008 年中本聪发明比特币时，采用的 SHA-256 算法被公认为当时最安全最先进的算法之一。

SHA（Secure Hash Algorithm）安全散列算法，是至今国际上使用最为广泛、最为安全的压缩算法之一，由美国 NIST（National Institute of Standards and Technology，美国国家标准与技术研究院）和 NSA（National Security Agency，美国国家安全局）两个组织共同开发，此算法于 1993 年 5 月被美国 NIST 和 NSA 设定为加密标准。为了提高安全性能，美国陆续发布了改进的密码算法 SHA-1、SHA-256、SHA-384 及 SHA-512 等。但随着 2004 年中国密码专家王小云教授研究小组宣布对 MD5、SHA-1 等加密算法的破解，以及密码学研究的不断深入和计算机技术的快速发展，美国政府从 2010 年起不再使用 SHA-1，全面推广 SHA-256、SHA-384 和 SHA-512 等加密算法，统称为 SHA-2。

其中的哈希算法 SHA-256，是密码学和信息安全领域一个非常重要的基本算法，同时也是比特币里面应用的哈希算法；对于任意长度的消息输入，SHA-256 都会输出一个 256 位的二进制的哈希值，通常用一个长度为 64 位的十六进制字符串来表示。

例如，将"I am jianghui."这句话作为输入，经过哈希函数 SHA-256 映射后输出的哈希值为：

d3ebcf9a53fc564b9b12e9c8be38fb337dae951ab4ef8079315600c681152569

区块链的很多重要特性，都可以从"哈希"的概念入手，通过理解"哈希链"，来深入理解区块链。

通过定义我们可知，哈希映射的输入值可以是任意长度的任何值，而输出是固定长度的值，所以哈希的输入值可以任意进行组合，哈希映射也可以多重运算。

对于有序产生的数据块 K_1、K_2、K_3，计算 Hash 值：

H_1=Hash(K_1)

H_2=Hash(K_2||H_1)

H_3=Hash(K_3||H_2)

其中 K_2||H_1，表示 K_2 这个数据块后面增加了数据 H_1，即 K_2 和 H_1 连接在一起。

经过多次的数据连接、组合，我们可以将多个数据经过多次哈希运算，映射成一个哈希值。这种数据连接、组合的方案有很多种，其中哈希树是使用最广的一种方案。

哈希树又称为默克尔（Merkle）树，是一种用作快速归纳和校验大规模数据完整性的数据结构，是由计算机科学家 Ralph Merkle 在 1979 年提出的，由一个根节点（root）、一组中间节点和一组叶节点（leaf）组成。叶节点（leaf）存储数据或哈希值，中间节点是它的两个子节点内容的哈希值，根节点也是由它的两个子节点内容的哈希值组成的。

在最底层是每一条数据或小数据块，叶节点 B0、B1、B2、B3 是相对应数据的哈希值。往上是把相邻的两个哈希值合并成一个字符串，然后运算得出这个字符串的哈希值，这样每两个哈希值得出了一个新的哈希值，如 B0 和 B3 经过哈希运算得到 B4。依次往上，可以得到数目更少的新一级哈希，最终形成了类似一棵倒挂的树的数据结构表，到了树根的这个位置就剩下一个根哈希了，我们称其为默克

009

尔根（Merkle Root）。

默克尔树有以下三个作用。

第一，任意一个叶节点的细微变动，都会导致 Root 节点发生翻天覆地的变化。这可以用来判断两个加密后的数据是否完全一样。

第二，快速定位修改。如果 Data1 中数据被修改，会影响到 B1、B4 和 Root，当发现根节点 Root 的哈希值发生变化，沿着 Root→B4→B1 就可快速定位到实际发生改变的数据块 Data1。

第三，零知识证明。这指的是证明者能够在不向验证者提供任何有用的信息的情况下，使验证者相信某个论断是正确的。比如怎么证明某个人拥有 Data0……Data3 这些数据呢？创建一棵如图 1-2 所示的默克尔树，然后对外公布 B1、B5、Root；这时 Data0 的拥有者通过 Hash 生成 B0，然后根据公布的 B1 生成 B4，再根据公布的 B5 生成 Root，如果最后生成的 Root 哈希值能和公布的 Root 一样，则可以证明确实拥有这些数据，而且不需要公布 Data1、Data2、Data3。

比特币区块链使用默克尔树作为数据基本组成部分。

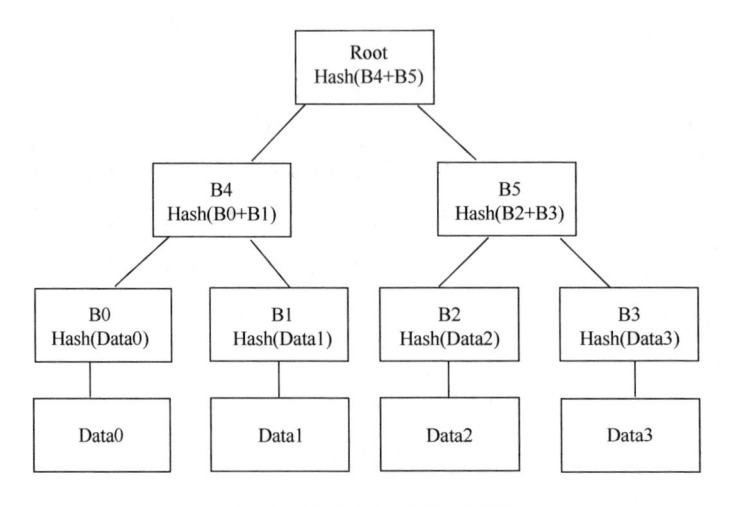

图 1-2　默克尔树的简单模型

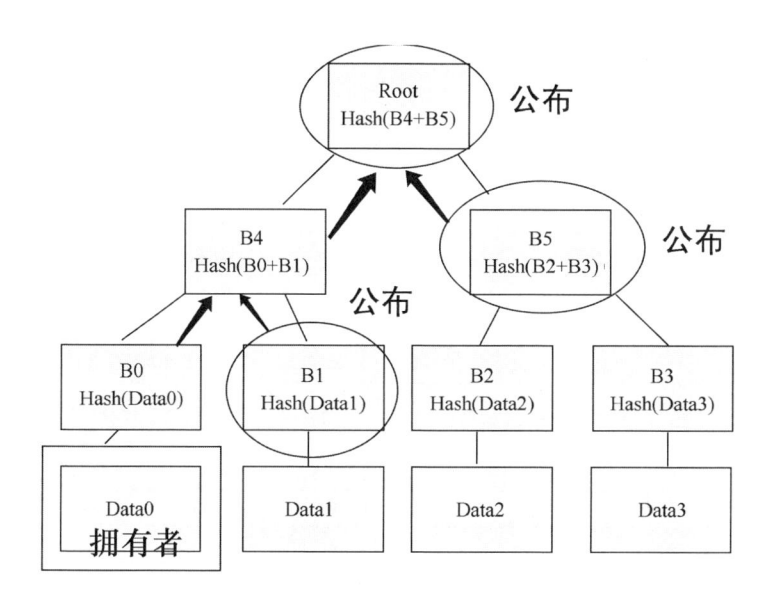

图 1-3　默克尔树的零知识证明

1.1.4　区块链的特征：从比特币说起

区块链是伴随着比特币的出现而被提出的。2008 年底，中本聪提出了比特币的概念，区块链作为比特币的底层支撑技术逐步呈现在世人面前。在前面几节的基础上，本节通过比特币的整体设计，来进一步了解区块链的概念和特征。

图 1-1 提到，区块链是按序排列的区块，彼此连接，形成一条链。其中每个"区块"可分为区块体和区块头两部分，区块体存放数据或交易的详细信息，区块头存放区块的基本信息，如图 1-4 所示。

（1）区块体主要包含若干条的交易数据及这些交易的哈希值。

例如，交易 1：张三给李四支付 2 个比特币；

交易 2：王五给赵六支付 3 个比特币；

Hash1=Hash（张三给李四支付 2 个比特币）

Hash2=Hash（王五给赵六支付 3 个比特币）

Hash12=Hash（Hash1‖Hash2）

……

最终形成一个哈希值 Hash1-8。

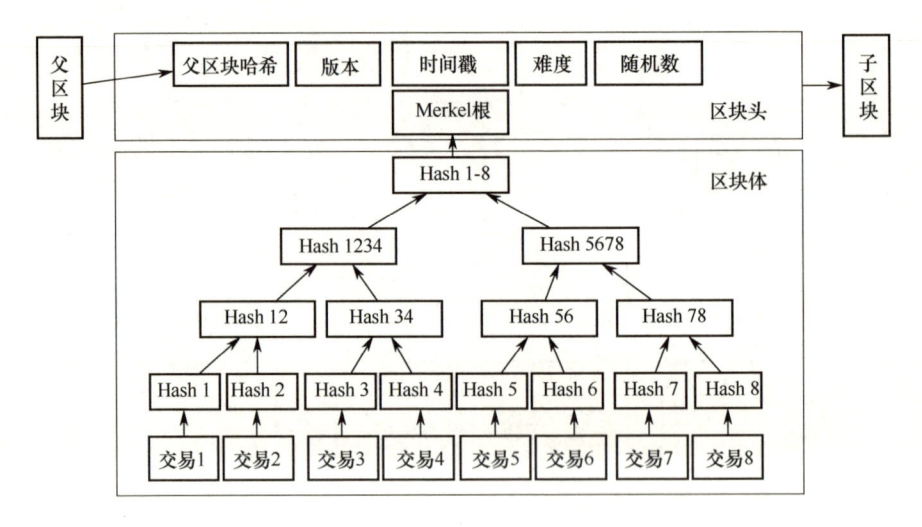

图 1-4　区块链中每个"区块"的结构

（2）区块头可以看成由三组数据组成。第一组数据是父区块（上一个区块）的哈希值，用于将该区块与区块链中前一区块相连接；第二组数据主要包括时间戳、难度和随机数 Nonce；第三组是默克尔根，即区块体中所有交易数据经过哈希运算形成的默克尔根。下面详细解释每组数据的含义。

父区块哈希：即上一个区块的区块头的哈希值；

版本号：描述比特币网络区块链上区块的版本号；

时间戳：指的是从 1970 年 1 月 1 日 0 时起至现在的总秒数；

难度（目标值）：是工作量证明的数学题的难度值，难度值根据之前全网解题的平均时间来调整，使得解题时间保持在 10 分钟左右；

随机数：即 Nonce，是求解工作量证明的过程中，要求出的值的随机数，也就是这道题目的答案；

默克尔根：用来保存和验证交易的哈希树，就是区块体内交易数据哈希值的整体哈希值，称为这个区块数据的默克尔根；能够总结并快速归纳校验区块中所有交易数据；采用 SHA256(SHA256()) 即两次哈希映射来计算。

上述"父区块哈希"的作用是：如果父区块的哈希值有变化，会使其下一个区块即其子区块中的"父区块哈希"这个字段也发生变化。如果父区块的数据被攻击，引起某一个字节发生变化被篡改，则整个区块哈希值就完全不同。所以要篡改区块链上某一个区块内的数据的话，只对一个区块攻击是没用的，需要对后续的所有区块重新计算 Nonce 值，这将耗费大量的能源及时间，几乎可以说是不可能的。所以，父区块哈希的作用是可以回溯，还可以防止被篡改。

从图 1-5 中可以看到连续三个区块的哈希值，里面包括本区块哈希值 Hash、前一个区块哈希值 Previous Block、后一个区块哈希值 Next Block。从中间区块（区块高度 590610）可以看出，其区块内数据 Previous Blcok 和 Next Block，就是分别为区块高度 590609、区块高度 590611 内的数据 Hash 值。通过这种区块之间的哈希数据映射连接，就构成了一个区块间的哈希链，当前区块把前一个区块的哈希值作为区块本身的一部分，如果更改前面区块的任何一项数据，对应的哈希值就会被改变。可以说，数学理论保证了区块链的数据是不可篡改或是很难篡改的。

比特币区块链的实现流程

区块链是比特币的底层技术，比特币是区块链的一个典型应用。我们可以通过了解比特币的整体流程，来更进一步地理解区块链的技术实现。

首先，每个用户控制一个钱包，这个钱包是节点（如电脑、手机）上的一个数据文件，也就是比特币客户端，里面包含了用户的余额等信息（这与传统的基于中心机构的货币系统不同，各个节点权力是对等的）。用户通过比特币客户端可以创建一笔交易，这笔交易随后会在比特币网络中全网发布，等待验证（比特币采用节点共同记账的方式，代替传统只信任中心机构的账本数据的模式）。

每个希望参与记账的节点理论上都可以参与记账，愿意记账的节点就称之为"矿工"。而具体由哪个矿工记账，理论上是随机的，比特币提出一种工作量证明称为 PoW 的机制，就是用自己的设备计算一道数学难题，这道题的难度被设定为：按照当前全网算力平均需要 10 分钟才能计算出结果，最先算出结果的矿工有记账的权利。

Block Height 590611 Blocks at depth 590611 in the bitcoin blockchain

Summary	
Height	590611 (Main chain)
Hash	00000000000000000107c5a4dde695a2e728e8af1d5ac719b9b502e7d97d165
Previous Block	0000000000000000000bda4e290db4afa03d14cd7ec913bb8271b00074420ac1
Next Blocks	

Block Height 590610 Blocks at depth 590610 in the bitcoin blockchain

Summary	
Height	590610 (Main chain)
Hash	0000000000000000000bda4e290db4afa03d14cd7ec913bb8271b00074420ac1
Previous Block	00000000000000000079150f3cbace61d72e0c60dbd9e08a0bd57a91ab49ff2
Next Blocks	00000000000000000107c5a4dde695a2e728e8af1d5ac719b9b502e7d97d165

Block Height 590609 Blocks at depth 590609 in the bitcoin blockchain

Summary	
Height	590609 (Main chain)
Hash	00000000000000000079150f3cbace61d72e0c60dbd9e08a0bd57a91ab49ff2
Previous Block	0000000000000000001142f59d92048eccd592b1cdf0b8ced5932debb321ac2d
Next Blocks	0000000000000000000bda4e290db4afa03d14cd7ec913bb8271b00074420ac1

图 1-5　区块链中每个"区块"的结构

当一名矿工计算出这道数学难题的结果后，将这段时间内的交易记录在一个区块当中，并连同数学难题的结果一同发布在全网。其他矿工收到新的区块时，先验证难题结果是否正确，再验证区块是否合规。如果验证都通过，则认同这个区块是正确的，并开始下一个区块的记账权的竞争；而如果验证不通过，就丢弃这个区块并继续解题。记账正确即生成被认可的区块的矿工，会得到相应的奖励，以鼓励矿工积极参与记账权的竞争。这些被验证为正确的区块按照时间顺序形成一条数据链条，就这样形成了记录全网交易的数据账本。

根据上述流程具体的步骤为：

（1）假设两个用户分别为 Bob 和 Alice，他们需要通过比特币交易，首先双方都有比特币钱包。比特币钱包是一个数字文件，可以让用户访问多个比特币地址。每个地址是哈希函数的输出值，即一串固定位的字符串，每个地址都有各自的比特币余额。

（2）Bob 创建一个新地址，相当于生成一个新的密钥对，包含一个私钥和一个公钥。公钥就是 Bob 这个新地址，可以被全网所有人知道；私钥只有 Bob 自己知道，存放在钱包中，用来对每个交易进行签名，其他人可以用 Bob 的公钥验证被 Bob 私钥签名的有效性。

（3）Alice 的钱包中含有多个私钥，也就是每个比特币地址即公钥对应的私钥。Alice 使用比特币客户端给 Bob 进行转账时，用私钥对这一交易申请进行了签名，然后全网广播这条交易，并标记为"未确认"。此时全网所有人都可以使用公钥验证这个交易。

（4）比特币矿工将过去一段时间（约 10 分钟）内的未确认的交易都放在一个内存池中。由于网络通信等原因，各节点内存池不完全相同。

（5）节点对"哪些未确认的交易应该被确认"发出提案，即把这些交易打包成一个新的区块，然后基于新区块、前一个区块、随机数等来计算新的哈希值，计算过程中需要不断改变其中的随机数直到新的哈希值小于目标值（即难度）。比特币系统要求新的哈希值必须小于以特定个数的 0 为开头的难度值。

（6）矿工无法预测哪个随机数会产生以要求数量的 0 为开头的哈希值，所以相当于计算一道数学难题，哪个矿工先找到这个随机数谁就是获胜者，就在此轮中拥有记账权，可以将自己挖掘出的区块广播出去。

（7）工作量证明的作用是限制一段时间内能够发出提案的节点数量，从而避免同一时间段节点发出不同的提案数目过多，影响最后节点决策的效率与最终一致性。

（8）其他节点通过验证这个区块哈希值的正确性及区块内交易的合法性后，完成决策过程，停止正在进行的计算工作；将此轮记账节点生成的区块加入自己维护

015

区块链的核心功能及全参与方

的区块链账本最后；区块内交易变为"已确认"并清理本地的内存池，删除已经被确认的交易、与已经被打包的区块产生冲突的交易；下一个区块的开头引用这个区块的哈希值。

（9）每个新打包的区块中包含一个名为"Coinbase"的初始交易，如果矿工记账的这个区块最终被全网认可，这个矿工就会得到这个初始交易中包含的新产生的固定数量的比特币，作为矿工奖励。

（10）新区块产生后的一段时间（通常是后面连接 6 个区块，约 1 小时），这个新区块可认为是被最终认可的，新区块里面包含的交易可认为是不能被篡改的。因为要改这个新区块的数据，就要从新区块开始，包括之后每个区块的全部的共识过程形成一个支链，还要快速赶上之前的链，这是不可能的（除非可以控制全网 51%以上的算力）。

中本聪在设计比特币的产量时，遵循了以下两个规则：

① 最开始每 10 分钟生成 50 个比特币；

② 每 21 万次后，比特币的单次产量减半，50、25、12.5……依此类推，直至总量达到 2100 万。

上述步骤（9）的矿工所获奖励，是比特币产生的唯一方式。根据以上中本聪的规则，我们只需列出算式，便能得出每次生成区块所产生的比特币或矿工获得的奖励减半（21 万次）的调整周期为：

$$210000 \div (365 \times 24 \times 6) = 3.995 \text{ 年}$$

注：因为比特币每 10 分钟产出一个区块，所以每年的次数是 365×24×6

也就是说，约 4 年时间，比特币奖励减半。由于算力一直在增大，实际上这个时间会略短一些。

比特币的创世区块于 2009 年 1 月 3 日被挖出，当时的奖励是 50 个比特币，而比特币的第一次减半则发生于 2012 年 11 月 28 日，奖励变为 25 个比特币，中间间隔共计 1425 天，约合 3.9 年。第二次区块奖励减半发生在 2016 年 7 月 9 日，约合

3.6 年，奖励变为 12.5 个比特币；下一次减半时间将发生在 2020 年 5 月左右，奖励将变为 6.25 个比特币。

根据减半规则，大约每 4 年，总产量也会减半，这一衰减非常快速。至 2019 年 11 月底，将产出第 1800 万个比特币，已达到比特币总量 2100 万的 86%。

图 1-6 所示是一个比特币区块链上的一个区块内包含的部分交易，其中第一笔交易就是矿工获得的奖励，包括 Coinbase 初始交易，即挖矿奖励 12.5 个 BTC，以及约 0.37 个比特币的交易费用。

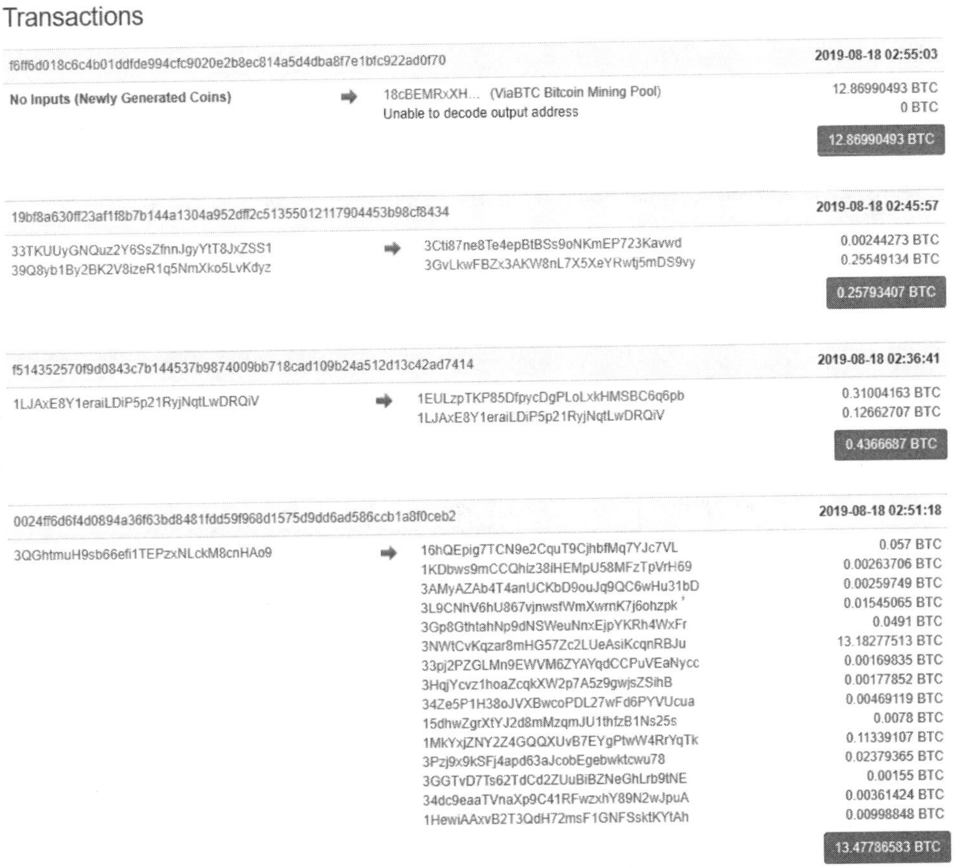

图 1-6 比特币区块内的交易

1.2 区块链的前世：思潮和技术的萌发

区块链技术不是突然出现的，中本聪将之前的诸多已有技术和思路，巧妙地融合为一体，加上独特的共识机制，形成了比特币区块链技术。

1.2.1 时间戳的萌芽：中心化时间服务器

1991年—1992年间，时间戳的概念就曾出现在了密码学家哈勃（Haber）和斯托尔塔（Stornetta）等人发表的两篇论文之中。

第一篇论文 *How to Time-Stamp a Digital Document* 中，提出了一种对数字文件进行时间戳记录的方法，时间戳可以准确地反映文件创建的顺序，时间戳一旦在文件上生成，就无法更改，但这种功能需要依靠时间戳服务器执行，服务器根据接收文件的时间，以及指向前一文件的链接来对数字文件本身进行签名。

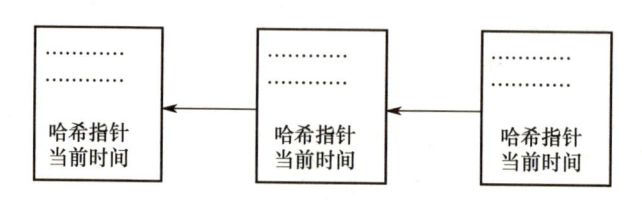

图 1-7 链接的时间戳

第二篇论文 *Improving the Efficiency and Reliability of Digital Time-Stamping* 提升了前述时间戳的效率，方法是不需要每次都单独对文件进行加盖时间戳的操作，而是先组合形成文件块，然后再把这些文件块组成"链"。这已经有了 Merkel 树及块、链结构的思想。

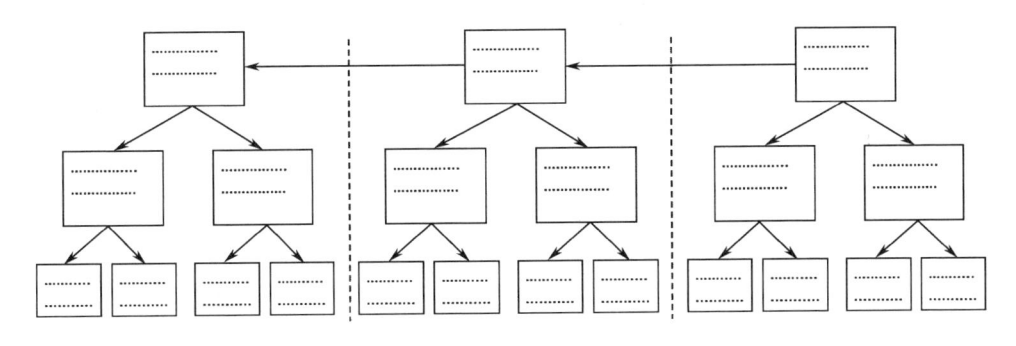

图 1-8　文件块形式的时间戳

上述设计与比特币区块链很类似，但此时的"时间戳"仍然要依赖于中心化服务器，比特币却与之思路不同，比特币进行了改进，通过"矿工"来记录事件，因此不再需要这个中心化服务器了，是去中心化的。

1.2.2　工作量证明的源头：哈希现金

1992 年，IBM 的研究员、密码学家新提亚·沃克（Cynthia Dwok）和摩尼·纳欧尔（Moni Naor）提出了通过计算数学题，来解决垃圾邮件的思路。

为解决垃圾邮件泛滥的问题，两人提出，可以在每次发送邮件时这样设置：计算机需要用几秒钟计算一道数学题，如果没能附上正确答案，收件人的邮箱会自动忽略发来的邮件。对于普通用户，发送邮件频率不高，这种计算几乎没什么影响，但对于想同时发送数万甚至数百万条垃圾邮件的广告商、诈骗者和黑客来说，这种计算所需的时间和金钱的花费都是很大的，几乎是无利可图的。

1997 年，亚当·贝克（Adam Back）发明了哈希现金（Hashcash），其中独立地提出了类似上述的想法：电子邮件的发送人需要在邮件中添加一个随机数"Nonce"，这个随机数必须使得邮件的哈希值以多个 0 开头。因此，发件人只能根据邮件内容尝试不同随机数，否则邮件就会被收件人的邮件客户端拒收。

亚当·贝克与新提亚·沃克的解决方案很相近，都需要花费一定的资源计算数学难题，即"工作量证明"，才能正常发送邮件。其中，亚当·贝克的方案更具有随机性，类似中彩票，哈希现金 Hashcash 方案中速度慢的电脑仍有可能更先找到这个随机数。因此,这一机制初步实现了防止双花(Double-spending)的功能。

哈希现金这种"工作量证明"的思路,被中本聪在比特币白皮书中所引用。哈希现金之后出现的几个著名的关于数字货币的提议,多数都是建立在哈希现金的基础上的。比特币利用了哈希现金这种工作量证明的思路,即通过稀缺性来避免双重支付问题,才得以形成数字货币。

1.2.3 数字货币的先驱:B-money

在比特币白皮书中,第一个被引用的参考资料就是 B-money,其原创者叫戴维,在以太坊中,以太币 ETH 的最小单位被命名为 Wei,以示对戴维的敬意。

1998 年 11 月,戴维提出:高效的合作需要有一个交换金钱的平台,以及确保合同执行的方法,他将他的提案称为"B-money",并在密码朋克邮件列表中发布了 B-money 白皮书。这是一种匿名的、分布式的电子加密货币系统,强调点对点的交易和不可更改的交易记录。

B-money 是第一种真正意义上的数字加密货币,比特币的去中心化的结算架构、匿名交易、点对点网络,在 B-money 中已经全部出现。B-money 可以说是比特币的主要思路来源之一,不过它只是提出了一种理论框架,没有真正进入应用领域。

B-money 的思路是:账本不再由一个中心机构管理,而是所有的参与者都拥有一份该账本的副本。每当有一笔新的交易产生,每个人都更新他们手里的账本。此外,这些账本还包含公钥,上面附着相应的金额,但是没有真名。这种去中心化的手段将使得没有任何人能够阻止交易,同时也保证了所有用户的隐私安全。

比如 Alice 和 Bob 两个用户,分别拥有公钥"A"和公钥"B",以及相对应的私钥。在所有用户共同维护的账本中,他们的公钥上都有 B-money 货币,假设两人分别有 1 元钱。如果 Alice 需要向 Bob 支付 1 块钱,Bob 把他的公钥 B 发送给 Alice,于是 Alice 通过信息的形式创建一个交易:从 A 发送 1 块钱到 B。然后 Alice 的公钥 A 相应的私钥在这条信息上签名,然后把这条信息及签名发送给所有 B-money 用户。这条签了名的信息向所有 B-money 用户证明,公钥 A 的主人想要将 1 块钱发送给公钥 B。因此每个人都会更新他们的账本，于是 A 的余额为 0，而 B 的余额为 2，而大家都不会知道 Alice 和 Bob 的真实身份。

但这个 B-money 提案并不能解决双重花费的问题。Alice 可以将 1 块钱发送给 Bob，同时可能还会发送给别人，这就是所谓的双花问题。

于是戴维在同一篇提案中提出了第二个 B-money 解决方案。

戴维提出的新版本的方案是：不是每个人都拥有账本，系统中有两类用户——普通用户和验证用户，只有验证用户才能对 B-money 的账本进行管理。要验证交易是否真的执行了，普通用户需要通过随机选出的验证者进行验证。这和今天的权益证明系统很类似。

此外，戴维还在提案中添加了一个智能合约的早期版本。这种智能合约就像是权益证明系统和仲裁系统的混合，使用该智能合约及仲裁者的双方必须将资金转账至一个特别的账户中。

B-money 的设计在很多方面都与比特币非常相似，但是 B-money 的有些设计不切实际，比如货币的创造环节，要求所有账号共同决定计算量的成本，并就此达成一致意见。每台计算机各自独立记录交易，这样达成一致很难；计算量的成本很多时候并不是很准确，也很难及时获得，因而 B-money 很难成为现实。

1.2.4　去中心化的思潮：密码朋克

中本聪发表于 2008 年的比特币白皮书《比特币：一种点对点的电子现金系统》宣告了比特币的诞生。从这个白皮书中的备注可以看出，比特币的思想和技术与一个群体高度契合，这一群体就是活跃于网络时代早期的"密码朋克"。

在 20 世纪 90 年代，计算机和互联网技术正在快速兴起，个人电脑逐渐进入普通人家中，越来越多的人拥有了个人电脑，并将自己的电脑连接上了迅速发展扩大的互联网。与此同时，人们逐渐发现，大型中心体在试图通过网络加强其对个人的监视与控制。在网络上，掌握数据的中心体可以比以往任何时候更加轻松地追踪他们想了解的个人。大企业利用用户在互联网上的表现刻画用户画像，针对性地推送广告等。这些大型中心体非但没有动力去维护个人网络隐私，反而希望尽可能地获得个人在网络上泄露的隐私。

包括20世纪70年代至90年代，在英美等国家的政府和军方中发生的多起控制思想、愚弄大众、压制技术的丑闻，等等，这类事件的不断发生，渐渐引起了人们的警觉，不信任感在第一批网络用户中逐渐蔓延。1992年年末，迪姆森·梅（TimothyMay）建立了密码朋克邮件列表，这一列表使得全球的密码学家、哲学家、数学家们，可以共同讨论那些用于保护网络时代个人隐私权的技术，为全世界致力于保护个人网络隐私权的人们提供了交流技术和解决方案的一个平台。1993年，《密码朋克宣言》发布，文中提到"我们不能奢望巨型企业，或者其他中心组织，出于他们的仁慈来授予我们隐私权，侵犯我们的隐私会对他们有利。"

可见，密码朋克对于巨型企业、中心组织有着天然的不信任感，主张去中心化、追求匿名性，以捍卫网络隐私权。

密码朋克认为，要保证个人在网络时代的自由，就必须保护个人的隐私权，这就要求利用密码学技术来保证个人在网络上的匿名。他们认为，迄今为止，现金交易系统是最好的匿名交易系统。在网络诞生之前，现金交易不会在金融系统中留下任何痕迹。在网络迅速发展的过程中，越来越多的交易将在网络上发生。可以预见，现金交易的空间将在网络时代被不断压缩，而作为代价，个人的隐私权和自由将会受到影响。密码朋克为了防止此类情况发生，将通过加密技术等手段，建立网络匿名交易系统。

密码朋克宣言中，除了传达去中心化、个人隐私应该得到保护的思想外，也预言了匿名网络、匿名邮件、数字货币等的诞生。

除了加密货币领域，密码朋克运动的成果至今也在影响着社会的各个方面。密码朋克成员主导或参与开发的万维网（World Wide Web）、SSL协议、脸书（Facebook）、BT下载等项目，已经融入普通人的日常，成为人们生活中不可或缺的一部分。

中本聪在一定程度上发展地继承了密码朋克运动中所产生的思想和技术，并将其发扬光大。

1.3 区块链的今生：波澜壮阔的十年

从 2008 年年底中本聪发布比特币白皮书至今，已十年有余，区块链从最初的饱受质疑，到现在已成为中、美、欧、日等多个世界大国之间的战略角力，发展之路可谓"波澜壮阔"。尤其在中国，区块链已被定位成为"自主创新""弯道超车"的重要突破口，承载着我国在新兴领域占据全球创新制高点的期待。

近年来，全球尤其是中国的区块链技术发展迅速，业务形态愈发成熟，大型科技巨头、大国企、国有银行、政府各级机构等逐渐入场。

当前区块链的研究热点和应用前沿，主要集中于联盟区块链。浙江大学教授、中国工程院院士陈纯在多次关于区块链的演讲中指出："中国主要的研究热点是集中于联盟区块链的关键技术"。

1.3.1 联盟链的兴起：区块链研究的最大热点

2008 年年底中本聪提出比特币，区块链与比特币还没有明显地分离开来。五年之后的 2013 年年底，Vitalik Buterin 提出了以太坊。随后，人们发现从比特币、以太坊等底层提取出来的区块链技术，不仅能应用于数字货币，还能使用户在无需相互信任与可信中介的场景下实现可信的价值传输。为此出现了一批数字货币、数字资产交易的区块链平台，任何节点无需许可就能够随时加入或退出，所以这类区块链被称为非许可链（Permissionless blockchain）或公有链（Public blockchain）。

公有链存在几个问题，首先是效率比较低，比特币每秒能处理 7 笔交易，以太坊每秒能处理 15 笔交易，这种较低的交易处理效率使得公有链不适合很多种应用场景；其次是准入问题，公有链允许任何节点随时进出，不适合企业级应用；再次，公有区块链的不可篡改、不可编辑的特点对企业不完全适用，如果某金融企业使用区块链但自己无法控制，则对企业的意义不大。企业更期望可以拥有一种弹性的安全系统和一种健壮的控制环境。

因此私有区块链就应运而生了，私有链可以解决上述问题，金融企业是私有链的主要推动者。但私有链仅仅是各个企业自己单独建立的，企业间协作的应用场景无法满足。很多企业有涉及多方交易的场景需求，比如各个企业通常用自己的系统来记录本公司的交易数据，不同交易方的多个账本间的数据差异、各企业间数据共享权责等，经常容易引起分歧和争议，需要引入第三方中介或者根本无法达成合作。区块链的不可篡改、不可抵赖、分布式记账等技术特点，非常适合解决企业之间的这些问题，因此产生了多个企业组成的"联盟区块链"，简称联盟链。联盟链也可以看成由多个私有链组合而成。

联盟链相当于为解决企业需求及公有链存在的问题而出现的一种区块链技术的折中方案：牺牲部分去中心化特性，由去中心化转为"多中心化"，由多个"中心"同意批准的节点才能加入这个联盟，联盟区块链和私有区块链统称为许可链（permissioned blockchain）或企业级区块链（enterprise blockchain）。联盟链本质上仍然可以理解为一种私有链，只不过它比单个组织开发的私有链范围更大些，是多个组织间的私有链的连接，可以理解为它是介于私有链和公有链之间的一种区块链。

联盟链一经提出，就获得了广泛的应用，多数在企业里应用的区块链系统都是联盟链结构。

图 1-9　区块链的分类

联盟链是当前区块链研究与应用的热点，主要包括以下几个特点。

（1）部分去中心化

与公有链去中心化不一样，联盟链由多方组成，每一方权利平台都是中心，相当于多中心化或者说是部分去中心化。联盟链在某种程度上只属于联盟内部的成员私有，很容易达成共识，可控性比较强。

（2）交易速度更快

组成联盟链的各方，一般都是实名认证的，且彼此之间有一定合作关系。各节点不会主动作恶，只可能因为故障宕机而不能应答，所以共识过程相对于公有链来说比较简单和快捷，更容易达成共识，处理速度自然也就快很多。目前联盟链的交易处理速度，以 16 节点为例的情况下，每秒交易上链数量的峰值约在 2～3 万之间。

（3）无需激励机制

由于组成联盟链的相关各方一般有一致的利益，所以与公有链必须要有激励不同，联盟链无需激励机制，各方就会主动地遵守联盟链的既有规则。因为这种利益关系，联盟链在对外提供服务时可以实现免费。

联盟链当然也可以有激励机制，这种激励可以作为一种鼓励开展联盟业务的激励，可以是在联盟内各方之间进行流转、通兑，也可以在联盟链外、或是跨链间使用。

（4）数据选择性公开

不同于公有链，联盟链的数据因为涉及相关方的隐私或商业机密，一般只限于联盟里的机构及其用户才有权限进行访问，而且可以根据联盟内各方的协商，选择公开链上部分数据，为企业提供一种灵活的选择方式，便于企业更易接受、达成共识。

至今为止，在比特币、以太坊等公有链的基础上，基于企业级的应用需求，业界已推出了一批支持企业级应用的联盟链区块链平台。其中最有影响力的是 Linux 基金会的 Hyperledger Fabric、R3 联盟的 Corda 和 EEA 参考实现 Quorum。

2015 年 9 月，位于纽约的一家叫 R3 的初创公司，发起了 R3 联盟，推出了名为 Corda 的产品。这是一个联盟链产品，用于管理金融机构之间的法律协议。Corda 从成立之初就有很多有影响力的金融机构加入，至今已拥有高盛、富国银行、花旗银行、德意志银行、汇丰银行、摩根士丹利等 200 多家以金融机构为主的成员。Corda 希望提供一个具有唯一性、权威性、可以记录企业间所有协议的全局逻辑账本，核心是实现具有节点间最小信任机制的去中心化数据库。Corda 立足于与现有业务系统的结合，而不是完全改变或弃用现有业务系统。Corda 的这种设计思路对 Hyperledger Fabric 有一定影响，Corda 也参与了 Hyperledger Fabric 的建设。

2015 年 12 月，Linux 基金会发起了开源区块链项目 Hyperledger，着重于发展跨行业的企业级区块链，其拥有 IBM、Intel、百度等 200 多家成员。Hyperledger 主要包括 Fabric、Sawtooth、Indy 等多个企业级区块链平台，以适用不同的需求和场景。其中，Hyperledger Fabric 是目前应用最为广泛的联盟链框架，采用了合约执行与共识机制相分离的系统架构，模块化地实现了共识服务、成员服务等服务即插即用的模式。Hyperledger 在大力推动建立联盟链标准框架，通过建立多个可以相连的联盟链来覆盖企业应用场景，实现设计的灵活性，满足多样化的需求。

2017 年 2 月，企业以太坊联盟 EEA（Enterprise Ethereum Allianc）成立，包括摩根大通、微软、Intel 等 500 多家成员，旨在通过合作共同开发标准和相关技术，以拓展以太坊在企业的应用，力求引导一种基于以太坊企业应用的标准区块链设计，还可以根据成员的需要来定制。EEA 主要是制定规范，技术方面主要是以摩根大通开发的 Quorum 平台为基础。2016 年，摩根大通提出了基于以太坊构建的企业级区块链平台 Quorum，通过分别处理公有交易和私有交易实现了交易和合约的隐私保护，并用 Raft 共识替换了以太坊的 PoW 共识。

1.3.2 各国政府的认可：政策和法律的推动

区块链目前已成为中、美、欧、日等多个世界大国之间的技术竞争焦点，除了技术本身以外，各国政府的监管，也是区块链技术发展的重要的影响因素。各国政府纷纷出台政策给予扶持，同时对区块链的监管也很重视，出台相关法律法规，以探索政府对区块链实施有效监管的途径。

1. 美国

2019年6月18日，Facebook发布Libra之后，美国联邦政府对区块链技术的监管从之前的调查研究，转变为积极了解与推动支持。

2019年7月，美国参众两院对Libra举行了两场听证会。听证会前普遍认为民主党控制的众议院在金融创新上比较保守，众议院的听证会可能更苛刻，但众议院金融委员会主持听证会的重量级人物、副主席Patrick McHenry，在众议院听证会发表了开幕词，为听证会定了基调："华盛顿必须避免成为扼杀创新的地方，不能因为我们暂时无法理解技术创新，就选择禁止。事实上，无论今天是不是Facebook，这种改变已经到来，区块链技术是真实存在的，Facebook进入这个新世界只是对这一事实进行了确认。中本聪的比特币是一种不可阻挡的力量，我们不应该去阻止这种创新，政府也无法阻挡这种创新。"从这个表态来看，不论Facebook的听证会结果如何，美国监管层对区块链的技术，是持有支持的态度的。

美国之前将比特币等虚拟货币视为投资品、商品、资产，因此美国证监会（SEC）、国税局（IRS）、商品期货委员会（CFTC）都有监管职能。但Libra发布之后，这些机构的监管明显趋于宽松。

7月19日，CFTC调查加密货币交易所BitMex。CFTC将比特币等加密货币视为商品，并对基于加密货币的期货等衍生品拥有管辖权。因此，Bitmex需要在该机构进行注册，才被允许在美国提供交易服务，也就是说，CFTC开始对加密货币产业发放牌照，这释放了美国官方对加密货币认可的信号。

7月26日，美国证监会（SEC）向PoQ（Pocketful of quarter）发出一封无异议涵，PoQ是一家在以太坊区块链上发行代币的游戏初创公司，无异议涵准许PoQ可以在不将代币登记为证券的情况下，合法地向消费者出售代币。这是第一个基于ERC-20标准获得美国监管机构批准的代币。

7月26日，美国国税局（IRS）向加密资产持有者发送警告信，要求他们上报加密货币交易状况，并且正确地支付税款、利息和罚款。IRS在2014年曾发布指南，将数字货币归为个人财产，而不是货币，如果美国公民进行数字货币交易，数字货币资产需要缴纳财产税。

相比美国联邦政府，美国各州对区块链的推动力更大，很多州已立法承认区块链的合法性，争抢发展先机。这些立法主要解决如下几个问题。

（1）承认区块链是一种合法的电子记录，可以用于签名、合同、记录等保障，如亚利桑那州、内华达州、俄亥俄州、田纳西州、伊利诺伊州等。

（2）禁止对使用区块链技术征税或收费，以及不能进行诸如证书、许可证等限制。如科罗拉多州、内华达州、伊利诺伊州等。

（3）允许私营部门使用区块链技术管理股东信息和股票发行、交易记录等，如特拉华州、加利福尼亚州、怀俄明州等。

（4）允许政府部门使用区块链技术如科罗拉多州要求州部门在接受商业许可记录和向其他部门与机构分发部门数据时，考虑使用分布式账本技术等。

美国各州对数字货币的监管也不同，其中纽约州的监管最为激进。

纽约州为应用数字货币监管，新设置了牌照 Bitlicense：2015 年 8 月，纽约州发布对数字货币业务进行审慎监管的规定，提出从事数字货币的传输、保管、存储、控制、管理、发行、买卖及兑换业务的机构均应获得相应的许可证（BitLicense）后方可经营。

这点与其他所有的联邦机构和州不同，其他机构都把数字货币生态纳入现有的监管体系；纽约州为数字货币监管设置了新的专门机构即研究与创新部，负责发放 Bitlicense。截至 2019 年 4 月，纽约州已发出了 19 张牌照。

综上可以看出，美国联邦政府及各州对区块链产业均非常重视，希望增进对区块链技术的了解，并希望获取区块链产业的全球领导权。

2. 欧盟

欧盟委员会（European commission）认为，区块链和分布式账本技术可能带来重大突破，改变信息或资产通过数字网络交换、验证、共享和访问的方式，在未来数年会继续发展，并可能成为数字经济和社会的主要构成部分。欧盟在立法和监管方面主要有以下几个管理措施。

(1) 加密货币并不被承认为货币或金钱，但要遵守反洗钱监管要求。

欧盟第五次 AML（反洗钱）指令，将加密货币纳入 AML 监管，要遵守 KYC/CDD（了解客户/客户尽职调查）等要求。

(2) 区块链在欧盟，尚未有统一的监管，各国采用不同征税方式。

德国：在比特币兑换为法定货币时，不缴纳增值税，但购物时支付税款。挖矿也不征税，但个人交易加密货币是要征收资本利得税。

法国：将数字货币交易收益视为"工业和商业收益"。

意大利：正计划对加密货币进行征税管制。

荷兰：将加密货币视为货物交易，是否征税要根据用户的基本收入税率而定。

爱沙尼亚：对加密货币征收增值税和资本利得税。

(3) 欧盟容许 ICO，但可能会受到进一步管制。

目前 ICO（Initial Coin Offering，首次币发行）在欧盟是允许的，只要其遵守 AML 监管和其他商业管理。但目前欧盟正在对所有欧盟境内的 ICO 进行逐个评估，可能会在 2020 年出台管制规则，逐案确定是否要进行证券监督。

(4) GDPR 对区块链的影响较大。

2018 年 5 月，欧洲联盟出台《通用数据保护条例》（General Data Protection Regulation，GDPR），里面包括对数据的保护要求，包括被遗忘权、跨境流动、目的限制原则等。现有区块链如何遵守 GDPR，以及 GDPR 的执行细节还在研讨中。

3. 日本

日本政府认为，区块链与传统系统相比拥有难以篡改的特性，可以低成本地创建防止意外停机的系统，因此有望应用于各种领域，如物联网等，并且可能成为未来各个行业的下一代支撑平台。

(1) 日本的加密货币已经被合法化，是首个从法律上承认加密货币合法性的国家。

2017 年，日本实施的《资金结算法》承认比特币等加密货币为合法的电子支付手段。2018 年 7 月，日本金融厅（FSA，日本最高金融监管机构）考虑将加密货币交易所的适用监管法律从修订后的《资金结算法》改为《金融工具和交易法》，将其视为金融工具。《资金结算法》将加密货币视为类似电子货币的一种结算方式，《金融工具和交易法》则将加密货币视为金融产品，可以增强对消费者的保护。

(2) 反洗钱要求进一步加严。

日本是首个实施加密货币交易所注册制度的国家。2018 年 10 月，金融行动特别工作组（FATF）将加密货币交易所纳入其"反洗钱"监管框架。

2018 年 6 月，日本金融厅向 BitFlyer、QUOINE、BTC Box、Bit Bank、Tech Bureau 和 Bit Point 这 6 家加密货币交易机构，下达了业务改进通知，强化他们的反洗钱程序。

(3) 加密货币收益征税可高达 55%。

2017 年 12 月，日本国税厅裁定加密货币的收益应归类为"杂项所得"，投资者将按照 15%～55%的税率征税。

(4) 不禁止 ICO，正考虑出台管理规则。

日本金融厅当前不禁止 ICO，也并未将 ICO 纳入法律管制范畴，但正在考虑修订《支付结算法》和《金融工具和交易法》，将 ICO 纳入监管。

4. 中国

(1) 我国国家层面积极推动区块链技术的发展。

2019 年 10 月 24 日，中共中央政治局就区块链技术发展现状和趋势进行第十八次集体学习。习近平强调"把区块链作为核心技术自主创新的重要突破口""加快推动区块链技术和产业创新发展"等。中央政治局这次集体学习，专门强调"区块链"，将其重要性提高到前所未有的高度，必将极大推动中国乃至全球的区块链的发展及应用。

中国政府在 2016 年，就将区块链列入《"十三五"国家信息化规划》；2018 年 5 月，习近平在两院院士大会上的讲话中指出："以人工智能、量子信息、移动通信、物联网、区块链为代表的新一代信息技术加速突破应用。"2018 年 6 月，工信部印发《工业互联网发展行动计划（2018-2020 年）》，鼓励推进边缘计算、深度学习、区块链等新兴前沿技术在工业互联网的应用研究。

北京、上海、广东、河北（包括雄安）、江苏、山东、贵州、甘肃、海南等多个省市区发布了区块链政策及指导意见。

2018年8月,银保监会、中央网信办、公安部、人民银行和市场监管总局联合发布《关于防范以"虚拟货币""区块链"名义进行风险集资的风险提示》。

2019年1月,网信办发布了《区块链信息服务管理规定》。

2019年8月,中共中央、国务院发布关于《支持深圳建设中国特色社会主义先行示范区的意见》,提到支持在深圳开展数字货币研究等创新应用。

中国在国家和地方层面,出台了多项与区块链相关的鼓励政策,将区块链纳入战略性前沿技术超前布局,并作出前瞻性论断,鼓励在数据共享、优化业务流程、降低运营成本、提升协同效率、建设可信体系等方面发挥区块链的作用。

(2) 我国司法机构认可应用区块链来保存和收集电子证据。

2018年6月28日,杭州互联网法院在一起案件中,使用过区块链证据,区块链首次被认可。

2018年9月4日,最高人民法院公布《关于互联网法院审理案件若干问题的规定》,第十一条指出:当事人提交的电子数据,通过电子签名、可信时间戳、哈希值校验、区块链等证据收集、固定和防篡改的技术手段或者通过电子取证存证平台认证,能够证明其真实性的,互联网法院应当确认。

2018年9月9日,北京互联网法院成立,受理第一案——抖音短视频诉"伙拍小视频"信息网络传播权纠纷,首次使用区块链取证技术。据法院的消息称,该案在侵权取证中,由第三方平台北京"中经天平"进行了区块链取证。

2018年9月12日,杭州互联网法院已成功接入33复杂美"链证通"区块链存证平台,未来复杂美合作开发的所有区块链项目都可以放在杭州互联网法院来证明。

2019年6月,由最高人民法院信息中心指导、中国信息通信研究院和上海高级人民法院牵头编写的《司法存证区块链应用白皮书》正式发布,说明我国司法体系已关注并认可区块链的价值。

综上所述,从全球来看,各国政府对区块链均持有积极鼓励的态度。Libra发布以后,中、美两国对区块链政策的出台明显提速,区块链正成为中、美两个大国的竞争、角力的科技前沿。尤其是中国，将区块链提升到国家战略层面，把区块链作为核心技术自主创新的重要突破口，这必将极大地推动区块链技术和产业的发展。

1.3.3　投融资与企业分布：资本的嗅觉最灵敏

区块链投融资快速发展，如图 1-10 所示，2010—2018 年，不论是投融资事件个数还是金额，都呈现快速上升的趋势，2018 年投资金额高于 2017 年，但投融资事件的数量变化不大，说明平均每次投融资的金额在增大。

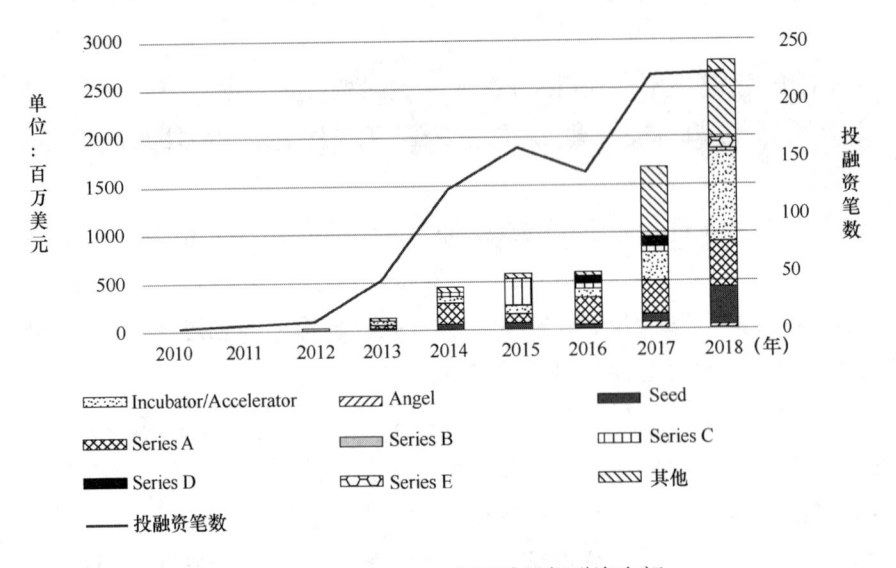

图 1-10　2010—2018 年区块链投融资金额

2010—2018 年全球区块链企业 VC 融资累计达 62.8 亿美元，美、中、加、瑞、英分列产业投融资额最多的国家，如图 1-11 所示。

截至 2019 年 7 月，全球共有 2358 家区块链企业。区块链产业已初步具备规模，产业链上游主要包括硬件基础设施和底层技术平台层；中游企业聚焦于区块链通用应用及技术扩展平台，包括智能合约、快速计算、信息安全、数据服务、分布式存储等企业；下游企业聚焦于服务最终的用户（个人、企业、政府），根据最终用户的需要定制各种不同种类的区块链行业应用，主要面向金融、供应链管理、医疗、能源等领域。

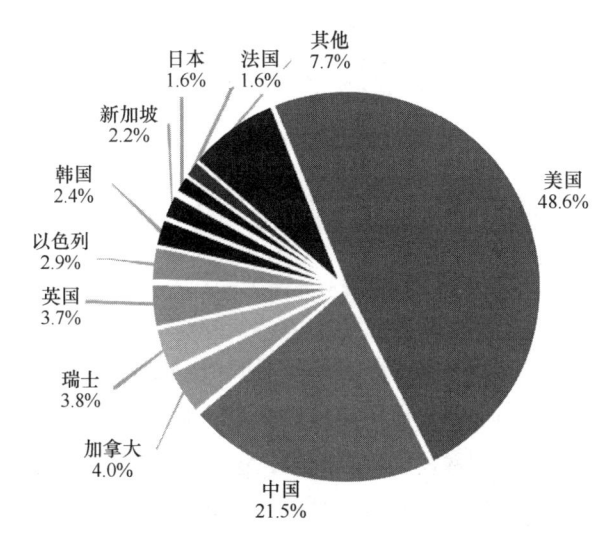

图 1-11　各国区块链投融资金额比例

1.3.4　知识产权布局：开源不一定免费

从 2013 年至 2018 年 12 月 20 日，全球已公开区块链专利申请总量达 8996 件。中国区块链专利申请达 4435 件，专利全球占比 49%；美国有 1833 件，占比 21%。

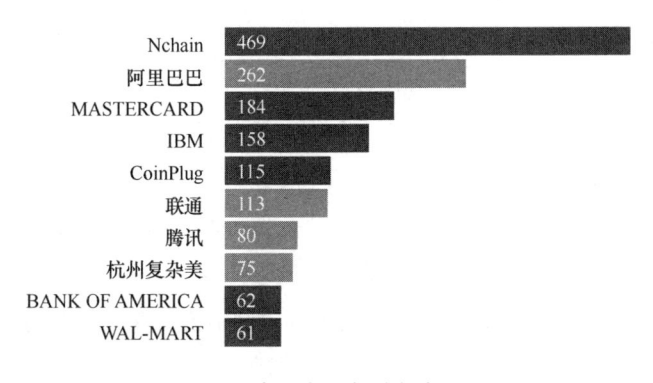

申请人	数量
Nchain	469
阿里巴巴	262
MASTERCARD	184
IBM	158
CoinPlug	115
联通	113
腾讯	80
杭州复杂美	75
BANK OF AMERICA	62
WAL-MART	61

图 1-12　全球区块链专利申请人 Top10

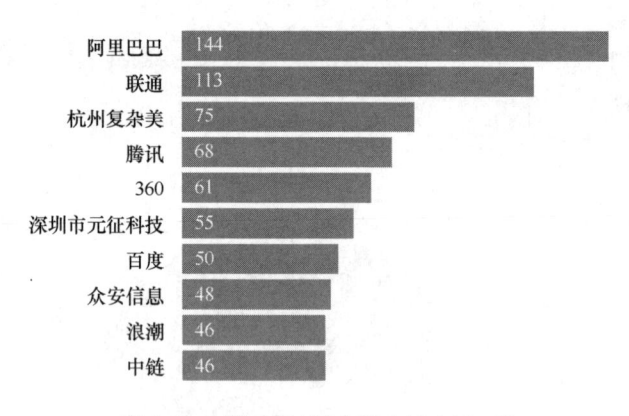

公司	专利数
阿里巴巴	144
联通	113
杭州复杂美	75
腾讯	68
360	61
深圳市元征科技	55
百度	50
众安信息	48
浪潮	46
中链	46

图 1-13　中国区块链专利申请人 Top10

Nchain 公司专利申请量明显占据优势，值得我们国内企业重视。目前，区块链的技术框架和相关软件，很多都是开源模式。开源模式能够广泛地汇集全球技术资源，有力地推动区块链的技术发展，但同时，这些开源软件也可能涉及专利权、著作权、商标、商业秘密和不正当竞争等多方面问题，尤其可能涉及专利权问题，值得我们注意。

开源不等于免费。全球各大软件公司，一方面积极参与开源软件，另一方面也在加大对软件专利的申请和保护，二者已融合于技术的研发进程之中。专利保护与开源软件的融合体现在开源许可协议中。开源许可协议是在软件开源时所依据的协议，这个协议在贡献软件的贡献者和用于获取软件的获取者之间建立了一种合同约定，主要是明确开源软件的贡献者和获取者都要遵守相应的协议。目前全球已有 80 多种开源许可协议。

根据开源许可协议，贡献者可以放弃开源软件中涉及的部分权利，也可以保留开源软件中的部分权利。贡献者放弃对开源软件的某些权利，会促进开源软件的传播，而保留的权利则能够维护贡献者的权益，所以说开源并不等于免费。不同的开源许可协议，对专利的要求也不同。有些开源许可协议，如 GPL3.0、Apache2.0 等明确了专利许可，而有些开源许可协议，如 BSD、MIT 等，没有明确专利许可，开源代码贡献者完全可以向开源代码使用者提起专利诉讼，并要求专利许可费用。

2017 年发生的百度等公司弃用 Facebook 的 React 开源软件的事件，为企业使用开源软件敲响了警钟。React 是 Facebook 开发的用来构建用户界面的优秀 JS 库，于 2013 年开源。之后的几年，React 逐渐发展成为前端的常用框架之一，应用非常广泛，包括 BAT 在内的很多大公司的很多项目都是基于 React 开发的。但在 2017 年，Facebook 发布了《关于 React 使用许可协议的官方声明》，宣称任何人不能将 React 用于与 Facebook 及其合作公司有直接或间接竞争关系的项目中，否则 Facebook 公司自动取消其使用许可。也就是说如果某公司在产品里用到了 React，这家公司对于产品所拥有的知识产权也要给 Facebook 免费用，相当于自己公司的其他专利也将拱手让人，这将造成非常严重的影响。最后，多家公司选择了弃用或是说不得不弃用的处理方式。

上述事件是开源软件贡献者和使用者的专利纠纷，同时也发生过关于开源软件的外部第三方的专利纠纷。例如，2013 年，微软就曾表示，开源软件 Linux 内核侵犯了 42 项微软专利，Linux 的图形接口侵犯了另外 65 项微软专利等。

这些开源软件的专利纠纷告诉我们，发展区块链等新兴技术，仅靠使用国外开源软件、仅靠技术跟随的方式，不能占有技术主动权。必须要拥有自己的核心专利，才能真正发展区块链技术，开源的便宜没那么好占。

中共中央总书记习近平在 2019 年 10 月 24 日的讲话中强调，要把区块链作为核心技术自主创新的重要突破口，要强化基础研究，提升原始创新能力，努力让我国在区块链这个新兴领域走在理论最前沿、占据创新制高点、取得产业新优势。要加强区块链标准化研究，提升国际话语权和规则制定权。

在各国都在积极加快布局区块链技术发展的背景下，谁抢占区块链技术创新制高点，谁就能执全球区块链领域的牛耳。我国在区块链的基础理论研究方面还很落后，核心技术还受制于人。目前区块链技术中的加密技术、共识算法等核心技术主要来自美国等国家，要掌握发展主动权，保障互联网安全、国家安全，就必须突破核心技术这个难题，在核心知识产权、重要国际标准等方面有所作为。

第二章

区块链的核心功能与行业应用

尽管整体上来说，目前的区块链技术还不成熟，业务应用还在探索过程中，但在我国，区块链技术已在供应链金融、产品溯源、电子证据、版权保护、便民政务等领域有很多的落地案例。

这些场景和案例，都或多或少地结合了区块链的技术特点，实现了产业赋能。但目前这些区块链案例资料，多是从不同行业应用出发，从不同行业不同场景的角度来介绍区块链的应用，虽然每个场景都涉及了区块链的多个功能特征，但不同的场景和案例，涉及的最主要的核心功能却是不同的，底层依赖的细分技术也有所不同，很多案例讲的是同一个区块链功能在不同场景的应用。

为深入理解区块链的核心功能及技术特征，本章节尝试对已有的这些区块链的应用场景和案例进行分类，通过核心功能梳理，归类不同的案例，希望可以为广大读者从多个角度寻求区块链赋能产业的途径提供帮助。

2.1 可信记录：数学保证不可篡改

通过区块链的"块""链"结构，我们看出，区块链通过哈希函数、非对称加密等数学理论，实现了后一个区块数据包含前一个区块的哈希值，如果想篡改或删除区块链上已有数据，必须再次计算求解这个数据所在区块及之后所有区块的哈希随机数，产生新的区块链分支链，而且还要比主链产生区块的速度更快，难度非常大，几乎是不可能做到的。另外，去中心化、分布式存储的特点，使得全网节点都备份了数据。因此，区块链技术可以保证已上链的数据不可篡改。

正是基于此，我们把区块链称为"信任的机器"。这是目前区块链最被认可的功能特性，也是应用最为广泛的。

2.1.1 数据留痕：数字孪生的基石

当前，数字化浪潮席卷全球。新兴数字信息技术与传统产业的融合，是当前产业转型的大趋势，工业互联网、智慧农业、数字建筑、数字医疗等在我国已开展起来。数字孪生是其中的关键支撑，是在工业、农业、建筑业、服务业等各行业的相关场景中，在物理世界与数字世界之间建立起一个一一对应的关系，数字世界以数字方式为物理对象创建数字模型，来模拟、分析、预测其行为，物理世界为数字世界提供验证和反馈。数字孪生将成为未来数字化企业发展的关键技术，目前数字孪生的研究方向就是实现数字世界与物理世界之间的一一对应，也就是让两者主要的性质完全相同。

以往数字世界和物理世界的一个重要区别是，物理世界真实存在，产品、原料、人员等无法凭空消失或新增；而数字世界中这些产品、原料、人员的数字孪生体，都是作为电子数据而存在的，这些数据是可以被删除、更改或复制的，且不留痕迹。区块链技术，能让数字世界像物理世界一样地真实、可信，保留数字世界的数据痕迹，使得数字世界里的数据，也能像物理世界里孪生的实体一样，不能凭空消失，不能随意增、删、改。

简言之，区块链技术将成为数字世界与物理世界一一对应这一目标的不可或缺的支撑技术，是数字孪生的基石。

图 2-1　数字孪生：实体建筑与数字模型的一一对应

建筑领域：BIM+区块链

在建筑领域，BIM 技术是实现数字孪生的核心技术之一，全称是"建筑信息模型（Building Information Modeling）"。BIM 模型包含了建筑领域不同专业的所有信息、功能和性能要求，可以将一个工程项目的所有信息（包括设计过程、施工过程、运维过程的信息）全部整合到一个建筑模型中。BIM 技术是一种多维模型信息集成技术，可以使建筑领域建设项目的所有参与方（包括政府主管部门、业主、设计、施工、监理、造价、运营管理、项目用户等）在项目从概念产生到完全拆除的整个生命周期内，都能够在模型中操作信息和在信息中操作模型，从根本上改变从业人员依靠文字、符号、图纸进行项目建设和运营管理的工作方式，实现在建设项目全生命周期内，提高工作效率和质量，以及减少错误和风险的总体目标。

BIM 技术将使得数字孪生在建筑领域得以落地，比如在设计阶段，在 BIM 模型中可以多次修改，减少错误和风险；设计完成后，还可以基于 BIM 模型进行模拟施工，减少实际工程中的错误与风险；建成之后，还可以继续记录建筑物自身的变化，进行商业运营及设备维护等。

BIM 模型涉及建筑领域的多个专业，包括结构、建筑、机电等，建筑模型需要在多个专业、每个专业多个人员中进行共享、协作，多方共同添加构件、修改模型、完善数据等。这些结构、建筑、机电模型的修改，如钢筋长度、水泥用量、水电管线、房间面积的增、删、改，按照数字孪生的思想，在数字世界也要留下对应的留痕。区块链的不可篡改、分布存储的特点，可以对 BIM 的任何变化进行记录，实现数字世界与物理世界的一一对应、完全对等，让数字世界的数据和物理世界的实体一样，不能凭空消失，有"前生"也有"后世"。

将区块链技术应用到 BIM 中，通过将 BIM 模型的使用和修改记录、责任风险条款、知识产权归属信息部署在区块链上，如此一来，便可以在缺乏权威行业第三方中介的情况下，为建筑模型确权，同时了解到信息修改的来源。除此之外，还可以辅以其他加密技术对 BIM 模型的复制、下载、传播等予以管理，避免版权盗用的情况出现。

2.1.2 证据保存：永不休息的公证处

对于司法案件来说，最为重要的就是证据，俗话说"打官司就是打证据"。随着信息社会的发展，电子证据显得越来越重要。

尽管我国在 2004 年就出台了《电子签名法》，但相比于实物证据，电子证据一直存在着很多问题，比如取证困难、易被篡改、难以认定……广州大学研究员张玉洁研究了近年来国内涉及"电子数据"和"电子证据"的 2 万多个判决书案例，其中电子证据获得法庭明确采信的，仅占 7.2%。主要的原因就是电子证据难以满足证据三要素即关联性、合法性、真实性。

此外，我国的电子证据的有效性极度依赖国家公证部门。如果有人需要对网络信息进行公证，需要在工作时间去公证处，由公证部门的工作人员操作与记录，法院才可能予以采信，这导致相关司法成本一直很高。

区块链依靠数学理论保证数据不可篡改的特性，使得司法证据可以可信地被存证、记录，相当于一个永不休息、随时在线、不收费用的公证处，大大提高了司法效率并降低了司法成本。

2018 年 6 月 28 日，中国第一家互联网法院——杭州互联网法院首次确认区块链电子存证的法律效力，这也被认为是中国司法领域首次确认了区块链存证的法律效力。

2018 年 9 月 6 日，我国最高人民法院发布《最高人民法院关于互联网法院审理案件若干问题的规定》，其中第十一条：当事人提交的电子数据，通过电子签名、可信时间戳、哈希值校验、区块链等证据收集、固定和防篡改的技术手段或者通过电子取证存证平台认证，能够证明其真实性的，互联网法院应当确认。

这是中国首次以司法解释的形式对区块链等固证存证手段进行法律确认，意味着电子固证存证技术在司法层面的应用迎来重要突破，引起各界极大关注。

司法领域：杭州互联网法院

2018 年 9 月 18 日，杭州互联网法院举行全国首个司法区块链上线新闻发布会，宣布杭州互联网法院司法区块链正式上线运行，成为全国首家应用区块链技术定分止争的法院。

司法区块链让电子数据生成、存储、传播、使用全流程可信。司法区块链由三层结构组成：一是区块链程序层，用户可以直接通过程序将操作行为全流程记录在区块链上，比如在线提交电子合同、维权过程、服务流程明细等电子证据；二是区块链全链路能力层，主要提供实名认证、电子签名，时间戳、数据存证及区块链全流程的可信服务；三是司法联盟层，使用区块链技术将公证处、数字证书颁发机构（Certificate Authority，CA）、司法鉴定中心及法院连接在一起形成联盟链，每个单位成为链上节点。通过整体的一套完整结构,能够解决互联网上电子数据全生命周期的生成、存储、传播、使用,特别是生成端的全流程可信问题。

以网站侵权为例,当事人打开司法链的区块链程序,通过实名认证核验,即可开启整个区块链程序记录模式。当事人打开搜索引擎搜索侵权网站,点击侵权网站,在侵权网站上打开侵权作品,用户下载、保存侵权作品,整体流程包括取证流程都通过哈希值进行完整记录。起诉时,当事人在杭州互联网法院诉讼平台上提交起诉申请,进行实名认证,实名认证成功后即可关联查看已经存证的侵权记录,可以直接提交证据。随后,系统会自动提交侵权过程的明文记录,杭州互联网法院系统核验本地机器上区块链中的哈希数据,进行明文与哈希的比对,比对通过则生成证据链,比对不通过则这条证据失效。这样就串起了整个侵权证据链,保证电子证据的真实性。

2.1.3　信息透明:清楚的善款流向

目前,慈善事业面临的最大痛点就是公益信息不透明,善款无法监管等。善款被挪用、诈捐,"郭美美""万元帐篷""天价餐费"等众多事件,令民众对慈善事业缺乏信心。

区块链是一个具有"不可篡改"特征的数据账本,通俗地说,任何写入区块链的记录均不可篡改,便于公众监督及审计。区块链的特点将为公益慈善事业提供信任支撑,解决信任危机。

公益慈善:蚂蚁金服

2016 年 7 月,蚂蚁金服尝试将区块链应用于公益场景,其与中华社会救助基金会合作,在支付宝爱心捐赠平台上线区块链公益筹款项目"听障儿童重获新声",让每一笔善款可被全程追踪。

之前的支付宝爱心捐赠平台,经常有用户捐出几元到几百元不等的善款,捐款进入公益项目账户之后就无法追踪。现在利用区块链技术,可以让每一笔款项的生命周期都记录在区块链上，用户可以持续追溯。

蚂蚁金服首席技术官程立把这个项目比喻成一家专门邮寄善款的互联网邮局。在项目运转中每笔善款都是一个包裹，在投递过程中，经过每个邮寄节点都会被盖上邮戳，每个邮戳都可以被公开查询。

之前，公众可以选择捐款，但并不完全知道捐款将在何时给到受捐者。利用区块链技术支撑公益项目中的捐款，项目完成后，就能查看"爱心传递记录"，能看见项目捐赠情况，以及善款如何拨付发放。

图 2-2　蚂蚁金服区块链公益项目的"爱心传递记录"

区块链公益项目后台运转与普通公益项目是不一样的。之前，公众捐款进入公益项目的账户，项目方执行后，由运营人员把账单、拨付、相关图片和情况上传录入。现在，善款进入系统后，整个生命周期都将记录在区块链上，没有人工拨付等环节，每一笔款项的去向很难人工更改。

中华社会救助基金会秘书长胡广华曾说过，公益透明度决定了中国公益的发展速度。信息披露所需的人工成本也是掣肘公益机构提升透明度的重要因素。"听障儿童重获新声"项目在支付宝爱心捐赠平台上所有公开的信息，都是根据后台数据推演生成的，既从技术上保障了公益数据的真实性，又帮助公益项目节省了信息披露成本。

未来区块链公益场景还将升级与完善，更多的公益组织、审计机构会进入这一领域，让公益项目方便审计，方便公众和社会监督，让区块链真正成为"信任的机器"。

2.1.4 产品溯源：不可变更的产地

随着生活水平的提高，人们对食品、服装、日用品等的品质有了更高的要求，尤其是对于农产品的产地和环境，涉及人体健康和食品安全，近年来愈发受到关注。目前市场上很多农产品存在着很多虚假信息，随意编造产地，或是真假掺杂，消费者也无从辨认。

区块链技术，通过数学原理保证了上链信息不可篡改，分布式存储使得多方记录数据，增加了信息的可信性，可对产品追溯源头产地，广大消费者可以"火眼金睛"识别产品真伪。

农业领域：黑龙江五常大米溯源

黑龙江五常因地处偏北，水质清甜零污染，所产的五常大米品质优良，是"中国地理标志产品"，曾被《舌尖上的中国》评为"中国最好的稻米"。正宗的五常大米年产量约 70 多万吨，但打着五常旗号的大米在全国销售的很多。

图 2-3　品质优良的黑龙江五常大米

2018 年 8 月，五常大米引入区块链技术实现产品溯源。五常市政府与阿里巴巴集团旗下蚂蚁金服、天猫、菜鸟物流等展开合作，五常大米引入蚂蚁金服区块链溯源技术。

区块链上的产品源头产地及环境等信息最为重要。市场上的五常假大米，主要假在真米掺杂假米再卖出去。五常大米为解决这个问题，利用物联网技术，将大米种植地、种子和肥料信息实时录入系统，以严格控制和追查大米总产量，并把这些信息以二维码的形式放在大米包装上。从 2018 年 10 月开始，五常大米天猫旗舰店销售的每袋大米都有一张专属"身份证"。消费者打开支付宝扫一扫，就可以看到这袋米具体的种植地、种子、肥料、物流一目了然。源头的质量检测由五常市质检部门负责，"一检一码"。相关的物流信息、种植信息后续将写入蚂蚁金服的区块链中，以保证信息不可篡改。

这一张张"身份证"的背后是一个联盟区块链，链上的参与主体为五常大米生产商、五常质量技术监督局、菜鸟物流、天猫等各方。这就相当于一张完全透明的"身份证"，每个参与主体都会在"身份证"上盖一个"印章"，所有"印章"都不可篡改、全程可追溯。参与主体之间的"印章"彼此都能看到，彼此能实时验证。

经过质检部门检验合格的大米，由专人激活溯源码，菜鸟物流负责上门取货，直接对接指定的合格五常大米企业。五常大米会直送菜鸟在全国七大区域的仓库，仓储和配送环节的入库、出库、运货车牌等信息也实时对消费者可见，确保五常大米安全可靠、原汁原味。

图 2-4　黑龙江五常大米的原产地

2.1.5 信用穿透：供应链金融的拓展

现代社会中的各个行业，包括制造业、建筑业、农业、餐饮业等，都不是一家企业能够独立完成整个闭环的，都需要多个企业协同合作。企业间不可避免地在合作、信任基础上存在赊账、赊销的现象，或因流动资金确实不足，或因需要放大自身资金利用率等其他原因，使得被赊企业资金压力增大，被迫需要融资。而这些被赊账的企业如果是中小企业，很难获得银行的贷款，中小企业只得去民间借贷，融资成本居高不下，十分不利于中小企业的良性发展。

如果在这个产业链中有一个实力雄厚、资金充足而又被大多数人所认同的核心企业，这个核心企业欠了一个中小企业的货款，那这个中小企业的信用就有了这个核心企业的背书，就能获得银行投资。这就是供应链金融。我国对供应链金融定义的普遍观点为：供应链金融是以核心客户为依托，以真实贸易背景为前提，运用自偿性贸易融资的方式，通过应收账款转让登记、第三方监管等专业手段封闭资金流或控制物权，对供应链上下游企业提供的综合性金融产品和服务。

供应链金融是一个新兴的、规模巨大的存量市场。供应链金融能够为核心企业的上游供应商注入资金，提高供应链的运营效率和整体竞争力，对于激活供应链条运转有着重要的意义。

但传统的供应链金融服务难以覆盖长尾中小企业，核心企业的信用只能传递到一级供应商，难以传递到更下游的企业，银行难以把控风险。比如某核心企业，有一级、二级、三级、四级供应商，但是现在传统的供应链金融只能覆盖到一级供应商。核心企业信用等级如果很高，其融资成本会很低，但三级、四级供应商的融资成本会很高。所以说传统供应链金融只解决了核心企业一级供应商的融资问题，而其他级别的供应商因缺乏核心企业的信任背书，融资难、融资贵，没有实现产业链全层级的供应链融资。

区块链技术可以实现供应链金融体系的信用穿透，数学原理保障的记录不可篡改，分布式记账形成共同监督机制，使得信用、资金、账款等信息不可增删改，为二、三级等更后端的供应商、分销商解决融资难、融资贵的问题。比如说，一个车企，轮胎是它的一级供应商，合同显示这个轮胎供应商有一千万应收账款。车企告知轮胎企业，一千万货款半年后支付。轮胎商拿到这一千万的应收账款合约之后，通过区块链平台可以在线上让车企给它做确权，做完确权后区块链平台可以把一千万的应收账款转化为一千万债权凭证，而这个债权凭证可以在网上进行继续流转。假如这个轮胎企业在生产过程中要采购铝锭，需要三百万元，就可以将三百万元的债权凭证转移给铝锭供应商。而铝锭供应商拿到债权之后，可以继续向上游流转。一个企业在拿到这些数字债权凭证之后，还可以随时找到各类金融机构做融资。比如这三百万的债权凭证，可以拿出其中的五十万债权凭证给银行来贷款用于发工资。

任何人拿到这三百万债权凭证等于获得了核心企业的还款权，这些债权凭证的转化和转移都是不可篡改的。整个过程中，区块链与供应链高度结合，通过核心企业向上下游合作商发展，利用区块链系统的不可篡改的技术特性，实现了信用的穿透，解决了小微企业融资难的问题。

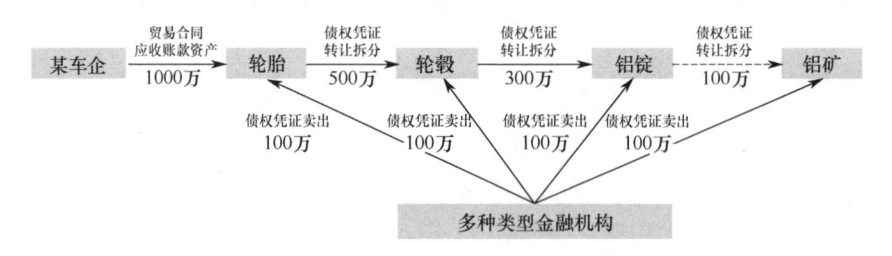

图 2-5 区块链实现供应链金融的信用穿透

2017 年 10 月，国务院办公厅发布了《关于积极推进供应链创新与应用的指导意见》，其中就提到"研究利用区块链、人工智能等新兴技术，建立基于供应链的信用评价机制"。

"区块链+供应链金融"这个模式，对小微企业有以下好处。

第一，融资成本低。目前小微企业去融资，一般费率为十几个点到二十几个点，通过区块链+供应链金融，降低了银行的审核成本，提供了风险可控能力，使得融资成本低于十个点。

第二，放款速度快。因为区块链的可信、不可篡改的技术特征，资金方如银行或核心企业的审核流程缩短，整个贷款融资的速度得以加快。

第三，融资额度灵活。传统的供应链金融因为成本高，每次贷款融资额度都较大。区块链+供应链金融模式，因为成本低、债权凭证拆分灵活，可以实现低于万元的贷款额度。

区块链+供应链金融这个模式，对核心企业有以下好处。

第一，能够改善现金流和负债表。核心企业可以通过区块链+供应链金融进行应付账款的资产证券化等，以改善现金流；供应商可以做应收账款转让，更加方便地拿到融资，而且债期不太敏感。这样还可以改善核心企业与供应商的关系。

第二，增加一个获得投资收益的渠道。很多核心企业本身在做金融方面的业务，一般会专门成立一个财务公司做融资，需要建立团队、运营品牌等。如果有这样一个区块链+供应链金融的平台，这些核心企业的财务公司就可以直接进入平台开展业务。

第三，方便确权。核心企业的确权，包括对债权凭证真实有效性的核对与确认。区块链不可篡改的特点保证债权凭证本身不能造假，证明债权凭证流转的真实有效性，可逐级进行拆分转让，实现核心企业的信用穿透，从而解决链上供应商企业融资难的问题。

区块链+供应链金融这个模式，对金融机构有以下好处。

首先，获取小微企业有了新的抓手。区块链上的数据均可追溯根源，节省了金融机构大量的线下尽调、验证交易信息真实性的人力、物力的成本，可以成为银行或互联网金融机构的风控系统的补充。

其次，能提升收益。之前核心企业可以获得大量的银行授信，一般这些核心企业的授信是用不完的，而且银行授信给他们的收益也不高。但如果可以把一部分授信剥离出来，提供给围绕这个核心企业供应链上的其他小微企业，就可能获得更多的收益。

区块链+供应链金融：微企链

"微企链"是联易融基于腾讯区块链（Tencent Blockchain）的底层技术，结合腾讯财付通的清算能力，运用在供应链金融场景下的一款产品。微企链以源自核心企业的应收账款为底层资产，通过腾讯区块链技术实现债权凭证的转让拆分。其中，在原始资产登记上链时，通过对供应商的应收账款进行审核校验与确权，确认贸易关系真实有效，以保证上链资产真实可信。债权凭证可基于供应链条进行层层拆分与流转，每层流转均可完整追溯登记上链的原始资产，以实现核心企业对多级供应商的信用穿透。平台同时引入包括腾讯理财通、银行、产业基金、保理公司等多类资金渠道，通过对核心企业信用的传递，让供应链链条上的诸多小微企业享受更多金融便利及服务，从根本上解决小微企业融资难、融资贵的问题，贯彻国家扶持实体经济发展的战略方针。

微企链针对供应链金融不同的参与主体，呈现了不同的价值体现。对于小微企业，显著降低了融资成本，秒级放款；凭证上链便捷，可分拆转让。对于核心企业，优化了账期，改善现金流与负债表；提升供应链效率，加强供应链管理。对于金融机构，获取了小微业务抓手，提升获客能力；享有更多自主定价权，提升业务收益；线上操作，无须复杂流程。

微企链通过区块链连通供应链中的各方企业和金融机构，完整真实地记录资产（基于核心企业应付账款）的上链、流通、拆分和兑付。由于区块链上的数据经多方记录确认，不可篡改、不可抵赖，从而实现应收账款的拆分转让，并全部能够追溯至登记上链的初始资产。

在交易数据隐私保护上，微企链发挥多链并行优势，实现数据隔离保护。平台根据业务逻辑设计对应的链和账本，链与链之间数据完全隔离，符合各业务方风控要求。此外，系统设计可根据具体业务场景适配。

截至 2018 年 10 月底，微企链的融资金额近 300 亿元，已服务上链的核心企业71 家，已建立战略合作的银行 12 家，供应商近 3000 家，服务行业覆盖地产、施工、能源、汽车、先进制造、医药等。

2.2 去中心化：人人平等的技术体现

区块链最大的特征就是去中心化，去中心化的目标要求区块链具有数据可信、不可篡改、共识机制、可追溯等一系列特征，区块链的去中心化特征将对未来产生重要的影响。

数字货币是目前区块链去中心化应用的代表，比特币近 10 年的发展，使得人们逐渐认识到去中心化的数字货币的技术影响力。Libra 的出现推动了各国政府对数字货币及区块链技术的重视程度，让全球各方不得不更加关注区块链，是区块链发展过程中一个伟大的里程碑。除了数字货币，去中心化在其他领域还处于探索期，本章节分享几类区块链去中心化的应用探索。

2.2.1 自由开户：自己给自己开账户

区块链上，任何人都可以参与竞争记账权，或者选择加入某个矿池参与挖矿，只要挖矿成功，谁都可以获得奖励。这在传统的中心化封闭信息系统中几乎是不可能的。比如，某人买了一台计算能力很强的服务器，想加入某企业内的服务器集群，这是不可能的事情，企业服务器绝对不可能让其他人随便加入并参与它的系统运维。区块链尤其是公有链，是一个自由开放的体系，任何人都可以带着算力，或其他资源，参与记账权的竞争。从技术演进看，这是一个重大的进步。

自己开立账户：比特币

以比特币区块链为例，不需要找第三方进行开户，只需要下载一个比特币钱包软件，在本地安装后，开户就完成了。在本地安装的时候，本地首先会根据电脑特有的参数信息随机生成私钥，私钥非常重要，是你拥有这个比特币钱包的凭证。得到私钥后，本地通过椭圆曲线密码算法导出公钥，公钥生成以后，再做两次哈希运算，然后做一次数据的编码整合，产生一个长位的数，这个数就是钱包地址，相当于商业银行的账号，这就完成了自己给自己开设账户的全过程。

这在金融史上是一个非常重大的变化，我们所有的传统金融业务都是围绕着商业银行的账户展开的，而现在，私钥本地生成，非常隐秘，从中导出公钥，再变换出钱包地址，自己给自己开账户，不需要中介，这是数字货币体系和商业银行账户体系的首要不同，必将引领一次大的变革。

2.2.2 随时连接：开放的全球网络

区块链是去中心化的网络，可以摒除中介的限制。比如，可以不再依赖国家网络出口路由器，通过各个节点的算力支撑，实现随时随地地接入互联网，不再受到限制。

网络现在已经成为信息社会的命脉，对社会生活的多个方面，以及对社会经济的发展都有着不可估量的影响。

传统互联网存在过于中心化、效率低、单点故障导致损失等问题。目前的互联网基础设施，由于当前的 Web 内容是中心化的，数据中心的运作依赖 Internet 主干道网络，主干网是不完全可靠的，可能遭受攻击；可能出现重要线路的瘫痪，大量的网络服务会受到影响；可能存在中心化垄断和审查限制；可能暴露用户隐私信息等问题。

现代社会中，各种移动终端、智能设备及热点的普及，为分布式自组织网络提供了可能性。这种网络的构想是通过统一的协议，让各种无线终端和路由器在信号范围内自动组网，形成点对点的通信网络。这种网络无须使用运营商的服务器，不仅极大地增强了网络的有效性、鲁棒性，降低了通信成本，提高了通信效率，而且可以最大程度地保障通信的权利，使人们的沟通能力和信息流动不依靠固定通信线路，不用再担心被封堵，不用担心某条线路会突然断掉。

这样的自组织网络会使用类似 P2P 这些协议，但是仅仅有技术上的协议不足以让这样的网络组织起来的，就像我们在完成 BT 下载后会关闭设备一样，因为这涉及设备的计算、存储、通信能力的共享和使用，所以必须要用经济手段作为纽带，才能完成网络的自组织。而且只有通过经济手段才能让所有设备的闲置能力充分并且是有效率地利用起来，实现资源的自我调节和配置。

可以想象如果所有闲置的存储和计算能力都用这样的网络连接起来，那么将形成一个极具效率的超级网络、一个超级云。而制定规则标准是前提之一，这些规则包括设备及其能力的标准制定、产权界定、定价机制、交换结算等方面的问题，其中的关键是如何保证标准、产权、定价和结算的公平、公开、透明和互信。

区块链技术大量依赖于 P2P 网络,是一种无中心的服务器、完全由用户群进行交换信息的互联网体系。P2P 网络的每一个用户即是一个客户端,同时也具备服务器的功能。而且尤为重要的是,区块链技术,如比特币区块链,为这些自由节点提供了一种激励机制,通过每个节点的贡献度,分发给这些节点数字货币,这就为全球自由网络提供了可实现的前提。

物联网：Zion

随着物联网行业的大规模发展,越来越多的物联网设备被引入我们的生活中,给我们的日常生活和工作带来了极大的便利。但同时,物联网传统组网方式和中心化管理架构也面临着巨大挑战,网络架构可扩展性差、中心节点维护成本高、中心化架构安全风险大、资料所有权难以确认等痛点,严重阻碍了物联网海量设备的连接及应用场景的扩展,物联网发展遇到的瓶颈亟待解决。旧的中心化范式由于存在低效、冗余、有安全隐患、信任不足等问题,无法提供适配于物际沟通的有效协议,一场范式级的沟通革命即将来临。

为解决上述问题,Zion 诞生了。Zion 是一套基于蓝牙 Mesh 模块的区块链自组网模式系统,通过在边缘侧形成海量物联网设备的分布式自治域体系,来缓解物联网过分依赖以太网连接带来的压力,同时通过链上数据确权、分布式存储技术、分布式计算、芯片安全内核、Zion Protocol 动态加密传输协议等技术,试图解决现今物联网领域所面临的各种安全性和技术性问题,实现物际沟通的自主、自治与自由。

每一个 Zion 节点均具备蓝牙 Mesh 自组网能力,Zion 区块链具备支持多种数字资产发布、支持 DAPP 开发、跨链交互及便捷运维等特点。Zion 可以广泛应用于智慧门禁、近场识别及消费支付、数据交易、分布式计算、Mesh 社区等场景,为在各行业的实际落地应用提供解决方案。

2.2.3 分布存储：永不丢失的数据

2018 年 5 月,作为史上最严、覆盖规模最大的隐私保护法规 GDPR（General

Data Protection Regulation，一般数据保护条例），在欧盟成员国及欧洲经济区内正式启用执行。世界各国对个人信息的保护及其监管的重视程度达到了前所未有的高度，同时也提高了互联网用户对于个人数据隐私的重视程度。

现在用户创造的数据多数不属于用户，主要因为这些数据都存储于不同企业的后台服务器上。在现实世界中，"经济基础决定上层建筑"，而在虚拟的互联网世界中，底层技术架构决定了上层建筑。Tim Berners-Lee 在设计万维网的时候，它本来就是个去中心的结构，每个人都可以建设自己的网站，现在互联网却变成中心化结构了，就是因为服务器是私有的，而服务器的私有属性本质上决定了数据的最终控制权将属于服务器的控制者，也决定了数据很难被自由地流动及确立权属。

2019 年 5 月，在 GDPR 启用一周年后，对中国北京的对外经济贸易大学举办了一场关于"数据权"的研讨会，国内外顶级专家、学者及 BATJ 等知名企业相关负责人发表了对数据治理及数据权属的研讨。与会专家认为，对于目前涉及个人的数据，但由企业的业务牵引产生，经由企业收集、整理、加工后形成的数据，归属个人还是企业，也是存在不同的观点，这也说明了数据隐私、数据权属的复杂性。

区块链尤其是公有链，是一个可信的公有计算设施，这种新的底层的技术架构让我们拥有了新的处理框架和思路。比如，可以让用户能够简便地控制自己的身份和行为数据，用户可以完全拥有个人隐私数据，并在需要的时候有限地授权给第三方使用。基于区块链，我们有望免于寡头的"数据剥削"。在巨头垄断的时代，你无法重建一个 Facebook 去打败 Facebook，但是区块链这种新的底层技术架构为弯道超车提供了一种可能性。基于区块链的新的用户数据隐私形态，为创业公司提供了一个全新的契机。

分布式存储：区块链浏览器

2019 年 8 月，IBM 申请了一项新专利，描述了一种基于区块链的 Web 浏览器，是一款由对等网络支持的网络浏览器。

根据该专利，浏览器从网页浏览会话中收集预先指定的信息，然后将该信息传送到对等节点网络来进行收集和存储。可以存储在链上的数据包括：访问过的网站、书签、搜索项、Cookie、地理定位，以及浏览器安全补丁的记录等。

IBM 表示，基于区块链的浏览器提供了一种存储浏览信息的系统，隐私得到保护,并将隐私交到"用户手中"而不是第三方手中。

IBM 这份专利文档包括的一个潜在用例:对计算机浏览器的攻击。如果通过区块链技术保护,则可以获得所有用户信息的可行备份。

2.3 组建联盟:打造行业互信

在中国,联盟链是区块链发展的一大热点。很多行业的业务场景,涉及多方的数据共享,而共享的前提首先是要把数据集中起来,这些集中的数据放在哪儿是个问题,不同的企业、机构都有各自的利益和顾虑,在没有区块链技术之前,解决这个问题是比较困难的。

区块链联盟链的共识过程受到联盟内多家机构节点的控制,极大地改善了系统信任问题,联盟链容易进行权限控制,并具有更高的可扩展性,适合需要联合多方机构来展开业务的场景。

在数据要么集中、要么分散的选择之外,联盟链给出了一种多中心、权利协商、可信任的合作模式,可以实现之前无法实现的业务场景。本章节就是探讨这些依靠联盟链才能形成的业务场景,联盟链使得之前很难合作的机构组织在一起,共同完成业务目标。

2.3.1 数据共享:异地医保网络报销

我国几个一线城市拥有大量的外来常住人口,涉及异地就医的问题。目前我国大部分省市已经开始执行异地医疗报销政策,但还存在很多问题,比如医保迁到异地后再迁回需要间隔 1 年以上;迁出后只能在异地住院使用,异地门诊、家乡门诊、家乡住院等,均不能使用;异地医保迁出、迁回需要回家乡提前办理备案;需要选择异地固定医疗机构等诸多问题。这背后可能导致有很大比例的人"嫌麻烦所以懒得报销",而放弃了自己应有的权利。

异地医疗的医保报销难度大，主要原因在于地区经济发展水平差距大。我国医疗保险实行属地化管理原则，在地方经济发展水平差距过大的背景下，一方面，导致医疗保险从费用筹集到报销都与当地经济发展水平相挂钩、与基金结余水平相挂钩。这样，就出现了各统筹地区政策不统一、医疗待遇标准不一致，从而成为阻碍医疗保险联动的最大障碍；另一方面，医疗保险结算本身就十分复杂，各地医疗保险的起付线、自付比例、封顶线和大额封顶线等政策不一，老百姓很难完全清楚明白，也导致异地就医报销操作难度较大。这里涉及多个省市多个部门的不同的政策，导致个人异地医保报销时，一头雾水，材料缺东少西，往返多地、多部门等问题。

如果不用区块链技术，要么数据分散在各地，也就是之前的状况，无法异地报销或是需要往返两地，在各部门之间来回跑；要么把数据全部集中在一起，但多个平行省市、平行部门，集中在哪里是个主要问题。

通过区块链打造多个省市多个相关单位组成的联盟链，形成多中心，链上多个节点权利对等，互相监督，通过将异地医保流程对接、各地各相关机构线上线下节点打通，让信息在后台自行运转。区块链保证数据在各节点流转时不可被篡改，信息透明，使得异地医保结算这样复杂的流程自动运行，各地各机构数据共享，老百姓省心省力、少跑腿就能实现医保费用报销。

异地医保网络报销：浙江区块链电子票据平台

2019 年 8 月 1 日，台州医保中心依托浙江省医保数据共享平台和浙江区块链电子票据平台，首次实现了省内异地报销，为全国异地医保费用报销探索出一条新的路子。

目前，浙江省杭州市和台州市已实现省内异地就医费用报销"零跑腿"，接下来将在更大范围内推广，为异地就医费用结算解决多次跑、来回跑等烦心事、纠心事。实际操作非常简单：用户进入浙江区块链电子票据平台的 App，填写相关信息，经后台审核通过后，报销费用直接打到参保人绑定的银行卡中。

区块链联盟链上节点包括杭州市、台州市两个城市的医院、财政局、社保局及支付宝等，通过区块链技术，实现行业互信、技术可信，将多个组织结合在一起，实现数据共享，同时应用区块链技术实现多中心、数据不可篡改等，保障了各个组织机构的核心利益，去除了各自的担忧，打通了合作的渠道。

浙江省电子票据平台使用的区块链票据从生成、传送到使用，流程非常快捷，对于省内异地就医患者来说，人可能还没到家，所有医疗票据的数据都已共享至该平台，这些组织间的联盟合作大大提高了异地医疗医保报销的效率和便捷性。

2.3.2 并行协同：高效的跨境汇款

虽然当前金融行业正在被互联网深刻地改变，但是跨境汇款一直都是互联网难以碰触的领域，体验仍然停留在十年之前。因为参与机构多，涉及法律法规和汇率等问题，跨境汇款需要10分钟到几天的时间不等，晚上7点后汇款最早要次日到账。此外，跨境汇款需要高昂的手续费、汇款人要填写较多收款人资料，出错后变更流程烦琐等。

区块链技术受到世界各大银行及其他金融机构青睐，其核心原因在于区块链模式下，支付清结算网络运行效率高的突出优势。

传统的跨境支付清算需要借助多个机构，前后需要经过开户行、央行、境外银行等多道手续，且不同机构有自己独立的账务系统，系统间并不相通，因此需要多方建立代理关系、在不同系统中进行记录、与交易对手进行对账和清算等。而且跨境支付要解决跨国间的信任问题，由于缺少强信任的中央主体，因此需要借助第三方机构以备付金的方式建立资金池，或是借助通用协议（如 SWIFT，环球同业银行金融电讯协会）。第三方资金池与现有银行账户体系结合度较低，且更具风险，而 SWIFT 则主要服务于大宗贸易，手续费及外汇业务费都较高，小额跨境汇款用户难以承担。因此，跨境支付尤其是小额跨境支付长期面临费用高昂而且速度很慢的问题。

区块链联盟链，是为了实现某个共同的业务目标而搭建起来的一个合作联盟平台，联盟内的各节点企业，基于线下达成的联盟协议，结合区块链数据可信、不可篡改、多中心化等技术特点，使得联盟内业务相关各方容易达成共识，企业间容易形成互信，从而促进跨机构协作，提高工作效率。

跨境支付：蚂蚁金服区块链

2018年6月，蚂蚁金服在香港发布了基于区块链技术的跨境汇款服务，最先支持从香港到菲律宾的汇款：支付宝香港版即 AlipayHK 的用户可以用手机向菲律宾钱包 Gcash 实现基于区块链技术的转账。

在区块链技术的支持下，跨境汇款也能像本地转账一样实时到账，7×24 小时不间断、省钱省事、安全透明。

渣打银行将为 AlipayHK 及 GCash 提供结算服务，并提供即时外汇汇率和流动性，以支援两个电子钱包之间的即时款项转账，让客户以优惠的汇率和适宜的交易费，数秒间完成香港和菲律宾两地之间的汇款，Gcash 用户在到账后可以即刻消费。

蚂蚁金服跨境汇款的第一笔汇款，由在港工作 22 年的菲律宾人格蕾丝完成，耗时仅 3 秒，而在以前需要 10 分钟到几天不等。

跨境汇款是有社会价值的实际问题。因为涉及多个参与方，传统的串联模式需要汇款信息一步一步传递确认，耗时耗力，但区块链通过分布式共享账本与智能合约将其升级为并行处理模式，实现了交易信息的实时共享，节省了大量的传递时间和对账结算成本，使得实时到账、低成本、汇率优成为可能。

汇款过程利用了区块链的分布式账本技术来实现 AlipayHK、渣打银行（香港、新加坡）和菲律宾钱包（GCash）间的跨机构协同。分布式账本在技术上进行分布式处理的同时，提供给所有参与方一个统一的业务账本和视图。

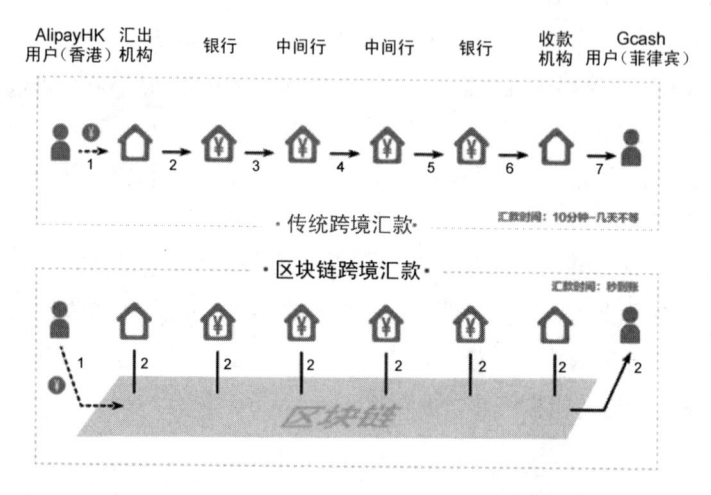

图 2-6 蚂蚁金融区块链跨境汇款的原理：由 7 步串行改为 2 步并行

区块链技术通过分布式账本技术，将原来像接力赛一样逐个节点确认传递的串行汇款模式，转变为业务节点实时同步并行确认，大幅提升了效率，实现了业务协同，改变了运营模式。在汇出端钱包发起汇款的同时所有参与方，包括 AlipayHK、GCash 和渣打银行，同时收到该信息；在转账过程中，每个环节的参与机构都会同时执行和验证交易；在做合规等所需的审核后区块链上协同各方同时完成这一笔汇款交易。如果转账过程中出现问题（如违反了相关规定），会实时反馈给汇款者。

运用区块链技术，汇款人和收款人可以清楚地追踪到资金流向，包括汇款申请从何处提出、汇款人何时成功收到汇款等。同时，所有被储存、共享及上传至区块链汇款平台的信息，都会做加密处理，以保障用户隐私。

蚂蚁金服跨境支付系统，同时应用了区块链技术最重要的几个能力：智能合约、共识机制、联盟记账，其中多机构联盟记账对于跨境汇款十分重要。跨境汇款中有大量的不同国家/地区、不同币种、不同金融机构、不同参与者协作，又涉及法律监管汇率等问题，是十分复杂的金融场景，区块链技术可能解决这方面的问题，目前还在探索中。

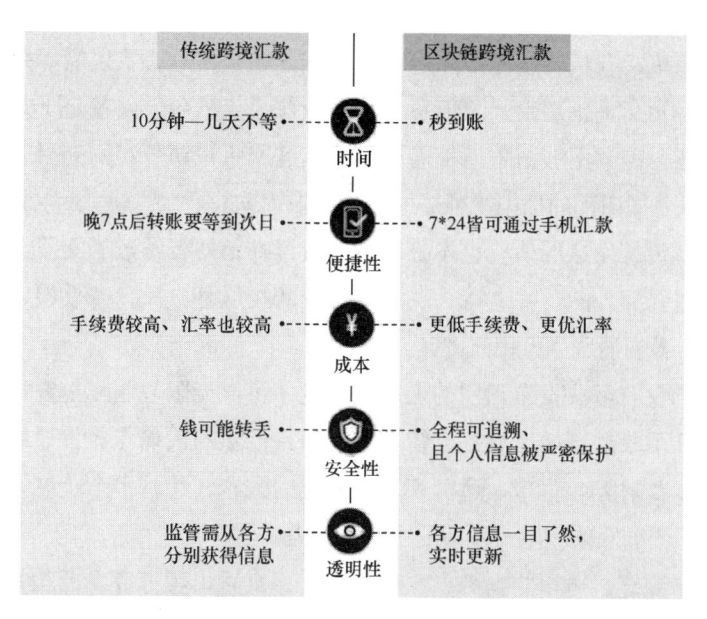

图 2-7 区块链跨境汇款的优势

对于个人来说，区块链应用于跨境支付，主要有以下几个好处：

（1）快捷：可以实现秒级到账。

（2）方便：7*24小时随时发起和接收。收到款项后马上就可以在钱包中使用。

（3）省钱：通过区块链技术进行跨境支付，降低了金融机构的操作、合规、对账成本。此外，由于整体处理效率的提升，让资金运营效率得到了提高，这带来了成本降低的优势。

（4）安全：因为区块链的不可篡改、智能合约等技术特点，使得跨境汇款的各参与方有了实时、可信的信息验证渠道，汇款有迹可循，更加安全。同时，因为采用联盟链及哈希算法，用户的隐私信息能得到更全面的保障。

（5）透明：区块链技术能降低风险，使跨境汇款能实现更透明的监管和更高效的风控。香港和菲律宾的监管机构可以对个人跨境汇款链路进行实时、全程监测，极大地提高了时效性和有效性。

2.3.3　优化流程：便捷保真的电子发票

传统发票带给我们的体验被诟病已久，在完成交易后，我们需等待商家开票并填写报销单，先在手机翻出开票信息，然后往往在收银台一站就是十几分钟，遇到开错发票，甚至盖章不够清晰，都需要再跑回这家店重新开。回去后还需要手动贴发票，再经过公司内部的报销流程后才能拿到报销款。

商户对于传统发票的体验也不好。传统发票在消费者结账后需要人工开票并录入信息，还需要额外的硬件支持，高峰期排长队拉低翻桌率，开票慢、开错票又容易引发冲突，影响消费体验和口碑。

电子发票没有解决发票识别的根本性问题，可以无限复制和重复打印，真伪难以识别，验证手段过原始，财务监管难度大，是行业的大痛点。发票这样一种会计原始凭证，涉及财务、生产、运营等多个系统的配合，跨越多个金融、财务、税务融合的场景，传统发票和电子发票的协同性较差。

区块链联盟链，可以为财务、生产、运营、金融、税务等发票相关的多方提供一个合作交互、数据共享的平台，实现合作联盟，将发票开具与线上支付相结合，打通发票申领、开票、报销、报税全流程。区块链电子发票，可以做到税务机关各环节可追溯、业务运行去中心化、纳税办理线上化、报销流转无纸化。

电子发票是区块链的一个很好的应用场景，而区块链也帮助电子发票提升了验证效率，两者是一种相互成就的关系。

在传统电子发票基础上，区块链电子发票进行了重点优化，解决了以下问题。

第一，解决了信息孤岛问题：将发票流转信息上链，解决发票流转过程中的信息孤岛问题，实现了发票状态全流程可查、可追溯。

第二，实现了无纸化报销：因为发票全流程的信息都在链上，报销时只要在链上更新发票状态即可，无须再打印为纸制的文件存档。

第三，解决了"一票多报、虚报虚抵"的问题：利用区块链技术，可以确保发票的唯一性和信息记录的不可篡改性。

第四，帮助政府提升监管力度：由于发票全流程的信息都在链上，因此可以帮助税务局等监管方实现实时的全流程监管。

也就是说，通过加密技术保证了只有税务局才能发行发票，所有发票都上传至不可篡改的区块链账本，防止"假票真开"；区块链中将支付信息载入发票流程，一切可追溯，防止"真票假开"；发票流转的全流程信息加密上链，提高电子发票系统的安全性；降低监管机构和企业成本，简化消费者开票报销流程。

区块链电子发票：深圳区块链电子票据平台

2018年8月10日，深圳国贸旋转餐厅开出了全国首张区块链电子发票，标志着全国首个区块链电子发票平台在深圳落地。

这个平台由深圳市税务局定义行政发行标准和纳税人发票使用规范，腾讯提供区块链底层技术支持，高灯科技等电子发票服务商负责提供接入各个交易场景的服务。

区块链电子发票业务流程包括领票、开票、流转、验收、入账等。

第一步，税务机关在税务链上写入开票规则，将开票限制性条件上链，实时核准和管控开票。

第二步，开票企业在链上申领发票，并写入交易订单信息和身份标识。

第三步，纳税人在链上认领发票，并更新链上纳税人的身份标识。

第四步，收票企业验收发票，锁定链上发票状态，审核入账，更新链上发票状态，最后支付报销款。

截至 2019 年 10 月，腾讯区块链电子发票已累计开出 600 万张，金额达 40 亿元，注册企业 5300 多家，覆盖公共交通、餐饮、停车服务、零售商超、互联网服务、金融等 100 多个行业。其中接入的企业包括招商银行、沃尔玛、微众银行、深圳地铁等多家大型企业。

2019 年 10 月 8 日，腾讯基于自主知识产权的区块链发票应用及其成功实践，代表中国在国际电信联盟标准局第 16 研究组（ITU-T SG16）第二十二课题组（Q22-Distributed ledger technologies and e-services）全会上首次主导提出《区块链发票通用技术框架》（General Framework of DLT based invoices）国际标准立项。

2.4 数字资产：可被交易的数据

在当前的数字经济时代，人们的资产不断被数字化，数字资产的传递变得愈发重要。数字资产的价值在于它的唯一性与所有权，比如个人的数据、版权、产权等。传递信息是发送副本，但传递资产涉及金钱交易，发送副本不能保证资产的唯一性，无法在互联网上建立所有权，资产的价值就无从谈起。如何在互联网上传递有价值的资产，成了客观的需求。区块链可以实现价值传递，所以区块链可被称为下一代互联网即价值互联网的基础设施。

2.4.1 价值传递：独一无二的信息

互联网经过多年的发展，实现了信息的自由传递，数字信息是可以被无限复制的，我们使用互联网传递信息时，发送的信息实际上是原有信息的副本。

为满足数字经济时代的需求，需要有一种新的方式，实现从信息传递进化为价值传递。价值传递的主要特征，就是能让接收方拥有价值，转让方不再拥有价值。比如传送一张照片，实际上是复制了一个副本照片发出，发出者手中还有这张照片，这不是价值传递；汇款时，我给你转一笔钱，我这边的这笔钱必须消失，你那里再多出一笔钱，这才是价值传递。价值必须在交易的双方之间实现精确的一增一减。

当前现实中货币流通的价值传递，仍然要依靠中心化的组织做背书来维护运行，比如微信支付、支付宝、银联等。依靠中心化的方式实现价值传递，有着中心化的信用问题、成本高、隐私泄露等很多弊病，而且由于中介机构的局限性，信任也只能存在于某个地区或国家范围内，从而资产交易也局限在一定的范围之内。

区块链技术的出现，凭借其密码学功能、分布式、不可篡改、可追踪等特征，能很好实现点对点沟通，让信息传递有迹可循，从而保障信息所有者的收益权、处置权。

互联网上传播的信息，可以随意地复制粘贴，而区块链上传播的信息，可以给每个信息加上一个所有权，如非对称加密技术生成的数字签名，这个签名不可伪造、不可篡改，也不可抵赖。这样就可以进行所有权的传播，也就是价值传递。

以比特币为例，我发送一枚比特币给你，并不是发送一个副本，而你真正拥有了这枚比特币，这一切都是在互联网上发生，并且没有银行、支付宝等中介机构的参与，这在以前是不可能的。比特币这个系统已经稳定运行了10年，充分证明了其在传递价值方面的优异表现，区块链就是可以传递价值的一种底层协议。

区块链，不需要第三方平台，不用担心第三方作假、跑路等因素；转账交易记录在区块中，哈希值被保存在区块链上，被所有的节点都记录下来，不用担心交易双方的冲突。所以区块链创造的是价值互联网，人们可以随时随地在这个覆盖全球的网络上发送和存储有价值的资产。

这样导致区块链能够达到一个效果，就是凡是能够在互联网上实现信息传递的两个终端，就能够实现价值的传递，而且这种传递不需要经过第三方。区块链是点对点的价值传输，通过某些技术手段能够保证区块链成为信任的机器，使得它能够在可信环境下成功地进行点对点的价值传输，同时在相应的激励之下，使得全社会的大规模协作成为可能。

区块链的价值传输，是由分布式记账、点对点网络、时间戳、工作量证明、代币激励等一系列技术来保障的，构成了一个价值传输协议。而互联网的基础协议也是去中心化的，而且很高效，但没有工作量证明、代币激励。为什么区块链却一定需要工作量证明、低效率、代币激励呢？

这主要是为了解决价值传递最核心的问题，就是双重花费的问题。比特币区块链网络对所有的交易都加盖时间戳，盖戳的方法是计算交易数据的哈希值，然后放入一条不断延伸的基于啥希的工作量证明链中，开成一条链上记录，要篡改一条记录必然要完成后续所有的工作量证明。工作量证明通过耗费能源、竞争记账，使得付出最大算力的那一方能够获胜，如此达成全网的共识，从而解决双重花费的问题。区块链脱胎于比特币系统，虽然不同的区块链具体的特征和参数不太一样，但是底层的协议和原理是类似的，都是需要解决双重花费问题的。

在互联网时代传递信息的时候，你需要的是更快速、更准确地把信息传达到，而不在乎信息是否被"双花"，也就是重复发送，有些时候为了确保信息能够收到，还需要刻意地多发几次，最终在接收端再进行一些处理，使之恢复完整的数据。

但是对于价值传递就不能这样了，我不能把我的股票既卖给你又卖给他，我不能把我的比特币既支付给你又支付给他，那样相当于财富无中生有了。所以这是价值传递与信息传递一个非常重要的不同点，就是要解决双重花费的问题，也就是说要解决价值传输的独特性、唯一性的问题。

区块链为了解决"双花"问题，所以需要有工作量证明；也正是因为工作量证明，使得区块链的价值传递相对于互联网的信息传递来说效率要低一个档次，而且还会产生一定的费用；也正是为了维护工作量证明以及竞争记账的特性，所以公链一定要有代币激励，这是从价值传递到工作量证明的整个逻辑。

所以，有人说"区块链是复印机的逆向机"，如果把传统的互联网比作一个电子化的大规模复印机的话，那么区块链就相当于反向的"复印机"，将众多的可复制的数据，变成一个独一无二的数据。

不可复制的数字资产：libra 的 Move 语言

Libra 白皮书中提出要设计 Move 编程语言。Move 从设计上可防止数字资产被复制。它使得将数字资产限制为与真实资产具有相同属性的"资源类型"成为现实：每个资源只有唯一的所有者，资源只能花费一次，并限制创建新资源。

2.4.2 数字通证：有效的激励机制

比特币，依靠代币激励手段，使得参与者有动力维持正确的"最长链"，防止双花，促进去中心化的自治运行。一个去中心化的区块链应用开发，一定需要经济激励，否则难以维持。

在区块链的体系，没有中心化权威，没有人到处监管，是什么机制让整个生态圈能够按照一个行为规范相互协作、井然有序的呢？答案就是 Token，也称为通证。

每一个发币的区块链项目，都是试图以其所发行的 Token 作为一种经济激励的工具，促进生态圈内各个角色的协作。你的贡献越大，你得到的 Token 越多。大家协作得越好，价格越高。因此，Token 是一种经济激励工具。

当然，不同的区块链项目适用不同的经济激励机制，才能使系统更好、更快地运行，把他们的价值发挥到最大化。以比特币为例，比特币的经济机制设计本身是非常出色的。比特币今天强悍的表现，不能不说跟比特币经济机制的设计有很大的关系。

比特币的核心是支付，也就是汇款。为了实现汇款，需要有多个记账节点来记账。因此，比特币系统的本质就是一个大账本，而所有的矿工节点都是记账的会计。

作为一个大账本，比特币希望这些矿工节点按规则工作，做真账，不做假账，为此中本聪设计了一个挖矿奖励的机制。只要正义的节点在网络中占大多数，那么做真账的节点可以得到新挖出的比特币作为奖赏。而如果一个节点做假账，那么整个网络稍后会发现，并且抹掉假账，使恶意行为徒劳无功。仅仅这样还不够，还要狠狠地惩罚它。所以随着假账被抹除，恶意节点辛辛苦苦挖出来的比特币会被马上注销掉。正是因为这样奖罚分明的设计，使得比特币中几乎全部的矿工节点都在"好好工作"。这套巧妙的经济系统，对于维护比特币的安全性来说意义重大。

在数字货币世界，多个缺乏互信的利益主体如果需要分工协作，达成共识，必定需要一定的共识机制。可以想象，在数字世界里面，协调多个主体分工协作的最简单的榜样就是学习人类社会的市场经济，利用货币来协调利益，促进分工。没有了通证的数字世界，就像没有了货币的市场经济，分工协作将变成不可能。

之所以说区块链是生产关系，就是因为区块链技术可以很完美地为不同参与者分配利益。各方对这种利益的分配规则的认可，就是一种共识。代币的作用则是为了分配利益，比特币使用挖矿奖励作为激励，这种激励作为一种共识，让矿工付出努力去挖矿，得以维持比特币的正常运行。

Token 带来的经济模型不但能够激励好人，更加能够阻止坏人，这才是 Token 的价值所在。Token 的价值激励，能够让参与方自觉维护整个区块链的公平有效工作，神奇地让简单的 POW 和 POS 算法在互联网环境下实现了数据一致性，价值竞争机制还为公链带来了公平性。

区块链的 Token 机制，是计算机技术和经济学模型的一次创造性结合，非常值得我们学习和借鉴，当前有很多企业在区块链尝试中使用了 Token。

保险通证

2018 年 10 月，众安科技联合工信部中国电子技术标准化研究院、众安保险、复旦大学计算机科学技术学院发布了《基于区块链资产协议的保险通证白皮书》，在开放资产协议基础上推出保险通证（Policy Backed Token，PBT），就是基于区块链技术实现保险资产证明和标准化，把用户的保险资产即"保单"转化为加密数字资产，实现保险资产在区块链上的流通。众安保险的航旅出行综合保障"飞享 e 生"率先接入 PBT，成为首个保险资产通证产品。

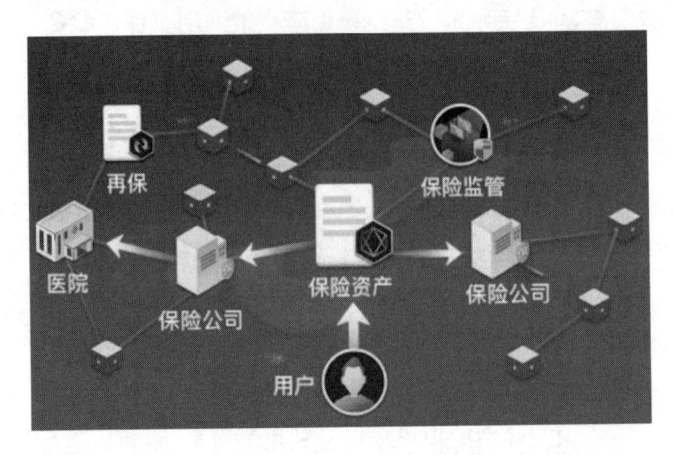

图 2-8　保险通证示意

PBT 正是开放资产协议在保险领域的具象化，为保险行业提供一致的接口与数据格式，并且保证数据和保险资产的真实性。

当产品完成通证化后，保险条款将更加透明，同时由于各家保险产品具备一致要求规范和标准 API，因此用户可以统一化管理自己在所有保险公司的保险资产；保险公司也将在再保、共保、渠道对账等场景下大幅降低对接的成本和数据审核成本。而在隐私方面，保险通证相较传统数据隐私保护更加周密，因此保险公司不需要用户的真实投保信息即可完成正确决策。

目前，众安保险推出的航旅出行综合保障产品"飞享 e 生"已率先实现保险通证化，其保险定义即智能合约的定义，所购买的保单即是通证。依托于开放资产协议，它在产业链主体间的流转更为高效、安全，客户权益及服务体验也更能得到保障。在不久的未来，还将有健康险、车险等险种接入 PBT。

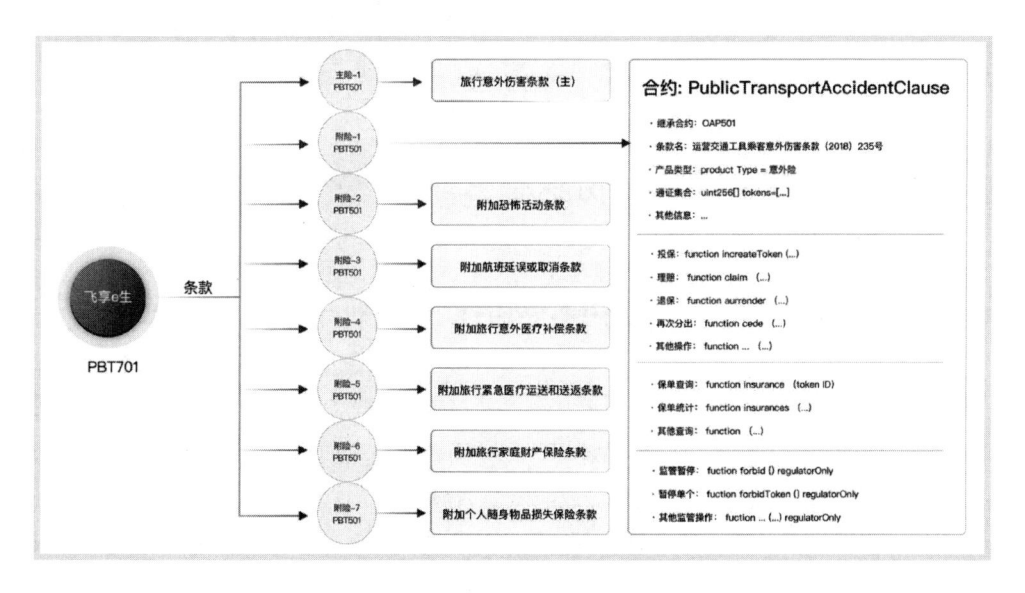

图 2-9　众安科技推出保险通证，"飞享 e 生"成为首个保险资产通证产品

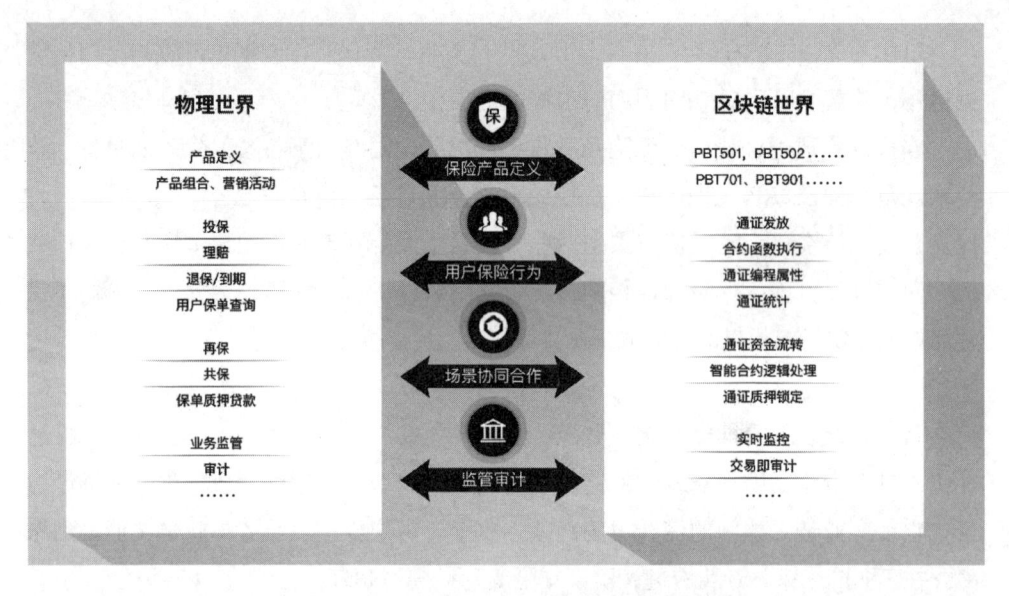

图 2-10　保险业务在物理世界与区块链世界的对比

2.5　隐私保护：个人身份隐藏

去中心化与隐私保护，是比特币等数字货币最初诞生时期望达到的两大目标。比特币区块链中，是通过非对称加密技术，使用公钥地址作为假名隐藏用户真实身份达到匿名的。区块链各节点之间的信息互通，是遵循已知的、固定的协议或算法来实现的，区块链的节点之间不需要相互认知，也不需要实名，而只基于地址、协议或算法就可以进行彼此识别和互通，这样可以隐藏个人真实身份。

但现阶段很多场景尤其是政府业务相关的联盟链场景中，需要实名的认证，比如版权保护、电子发票、司法存证等，所以业界目前提出"可控匿名"的目标，即在业务场景中匿名，但在后台中可以实现实名的比对。但这与最初的类似现金支付的隐私保护憧憬，还相差很远，隐私保护的功能和应用还需要不断探索。

2.5.1 身份匿名：用密钥代替 ID

传统银行业务历来是一个不透明的黑盒子，只有作为中间人的商业银行可以知道所有交易，而交易者只能知晓与自己有关的交易信息，不过由于 KYC（Know Your Customer）要求，交易者都必须实名。而在比特币体系中，所有交易都是透明的，所有人都可以查看，但交易者的身份匿名。二者各具特色。

我们知道现金是匿名的，钱上没有明确的所有权信息，现金的匿名性是流通性的必要条件。数字货币，也希望可以实现在数字世界打造一个可以匿名、可以交易支付又能避免双花（一张钱被花两次）的工具。匿名性是中本聪建立比特币时考虑必备要素而加入的必要条件。

匿名性是区块链资产的一大特点，指的是别人无法知道你在区块链上有多少资产，以及和谁进行了转账，甚至是对涉及隐私的信息进行了加密。

通过区块链，我们可以查询到每一笔交易的数据信息，却无法得知交易者。例如，张三给李四支付了 1 枚比特币，但是双方名字只是代号，所以无法知道他们的真实身份。可见，区块链的匿名性特点，在一定程度上很好地保护了用户的隐私。

实际上，区块链的匿名性是通过非对称加密来实现的。

以比特币为例，有公钥、私钥、比特币钱包地址三个概念。这三者中比特币钱包地址是我们最常见的，它们是一串数字和大小写字母的组合，例如："1A1zP1eP5QGefi2DMPTfTL5SLmv7DivfNa"，看起来有点像乱码。钱包地址就像银行卡号，代表了你的比特币账户。通过交易所、比特币客户端和在线钱包都可以获得钱包地址。

什么是公钥呢？以比特币为例，假设张三要转一个 BTC 给李四，张三就需要用私钥对这笔交易进行签名，但是其他人如何才能知道张三拥有对这个 BTC 的使用权和所有权呢？其他人如何判断这笔交易是不是有效呢？张三在使用私钥对这笔交易进行签名时，会把自己的公钥也一起发送出去，大家看到了张三的公钥，可以用公钥对签名进行验签，也就是解密的过程，验签比对后就知道张三确实拥有这个 BTC，这笔交易是有效的。

公钥是私钥经过一系列复杂运算后得出来的，知道私钥就可以推算出公钥。但是这个推算是不可逆的，也就是说知道公钥是推算不出私钥的。而钱包地址是由公钥经过一系列的运算后得出的字符串，这个过程同样也是不可逆的，知道地址也是推算不出公钥的。

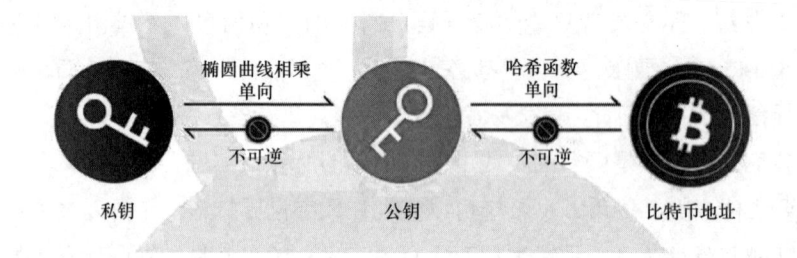

图 2-11　私钥、公钥、比特币地址的关系

所以可以说，比特币的匿名性是通过密码学实现的，打款给公钥的哈希值，也就是比特币地址，通过私钥取出。

区块链被不断完善和应用以后，人们发现匿名还有更大的价值，那就是隐私保护。

互联网时代我们每个人的隐私越来越少，一方面我们需要开放大量的个人信息给互联网，从而获得更丰富、更便利、更好体验的服务和产品；另一方面我们又必须防备自己的数据被别人滥用，自己的隐私权被别人侵犯。这种矛盾在传统互联网环境下是不可调和的，因为数据不掌握在我们自己手里，而是掌握在那些提供互联网服务的公司手里。比如家庭财产、医疗健康、旅游出行、社交活动等数据。

在现实生活中，匿名与确权是对立的，如果你想拥有一种资产，比如房子、车子、钱，你必须用你的真实身份去实名制确权，你不可能在房产证上写个昵称"大海"，在互联网上一样面临这种尴尬。

很多 App 都要求你实名认证，而你实际上不想实名认证，但是又必须使用这个程序。有没有办法既不用实名又能确权？要解决这个问题，我们要先讨论这个问题的本质，也就是确权，确权就是对资产权利的证明过程。

资产权利包括所有权、使用权及其他收益权、处置权、抵押权等衍生权利，确权的对象是所有权，因为所有权是具有唯一性、排他性的权利，所以只要是所有权就一定需要确权。也就是说必须消除所有权才能实现匿名拥有，这听起来有点不可思议，但是区块链就做到了。

区块链拥有分布式、去中心、不可篡改的特性，这就使记录在区块链上的信息具有了可信任性，这种信任包含信息本身和其拥有者的关系，这里体现为密钥关系。

首先，每个链上的数据信息背后都代表某种资产或权益，我们可称之为数字资产，每一个数字资产通过非对称加密方式生成一对密钥，密钥对应一个区块链钱包地址作为它的拥有者，这个地址与数据资产之间即建立了密钥关系，当地址拥有者出示公钥即证明了对数字资产的使用权利，因为公钥的哈希值就是地址，从地址不能或很难反推出公钥，无须寻求第三方来提供证明。

也就是说我们不在乎你是谁，只在乎你是否拥有支配数字资产的钥匙，通过哈希函数实现了对"钥匙"的认证。这里实际上也不是完全没有第三方证明，而是用区块链技术取代了第三方证明的作用，这就是区块链作为信任的机器的定义。

基于匿名的定义，区块链可以实现对机器、系统衍生数据等与人的创造无关的资产进行赋权，让万物互联成为可能，接下来要解决的就是如何一点一点地把我们的资产数字化的问题，这也是区块链落地的关键环节。

匿名虽然可以保护隐私，但也会带来很多不便，比如对政府监管来讲就是个挑战，未来的区块链应用将会走向"实名制+隐私保护"的方向。就技术角度讲，如果有国家级的居民身份公链，是可以做到按需实名的，所有交易只有国家机关有权穿透识别交易者的真实身份，既保护隐私又能预防犯罪。

除了资产方面的匿名性，大多数基于区块链技术的应用也具备匿名性，在隐私保护方面大有所为，如投票、选举、隐私保护、艺术品拍卖等。

区块链投票系统：卡巴斯基

在我们日常的生活中，经常需要在线做出决策，网络投票日益兴起，但在投票、验票等过程中，如何确保参与者的安全和匿名，是一个主要的问题。

为了克服这些挑战，网络安全公司卡巴斯基实验室在 2018 年 3 月推出了名为 Polys 的区块链安全在线投票系统。Polys 网站的声明中表示，区块链是构建有效安全的在线投票系统的必要一环。

从 2018 年 3 月至 2019 年 3 月的一年以来，该平台上共进行了 660 次投票调查，参与人员达到 26400 名。通过数据分析显示，与学生和市政问题相关的民意调查，在该平台上应用的最多。

2018 年 12 月，位于俄罗斯东南部的萨拉托夫奥斯德勒政府成功地举行了一场有 1.5 万人参加的区块链选举。

采用区块链技术选举是为了确定地方杜马青年议会的成员。这次选举在 45 个萨拉托夫地区选区举行，设有 110 个投票亭，在 4 万名已宣布的公民中，有 15000 人进行了投票。根据政府官方消息，整个过程从开始到结束需要 7 个小时，包括计票和处理结果所需的时间。

参与者通过"Polys"电子投票系统投票，基于区块链技术，Polys 具有为任何人提供安全、匿名和可扩展的在线投票能力，投票结果不会被参与者或组织者更改。

萨拉托夫的青年选举委员会主席 Belikova 说，在选举期间，选民还被问及是否愿意在未来使用区块链投票系统，而不再使用传统的纸质选票，83%的选民回答"愿意"。

区块链投票系统可以消除包括欺诈、操纵结果或人为增加选票等的可能性。在投票过程中，还可以使用加密机制，保证不可能跟踪选民的身份和其投票选择。

2.5.2 自主身份：获得身份所有权

在互联网传播越来越普遍的今天，数字身份的使用已经越来越普遍了，数字身份可以让我们在互联网时代更加便捷地生活。我们几乎每个人都会在各大网站上网浏览的时候留下我们的一些数字 ID，每个网站里的数字 ID 可能都是你整个人物画像的一部分。

例如，你在当当网购买图书时，整个网站会勾画出你的阅读和购书习惯；当你在京东 App 上购买电子产品时，京东后台会根据你的购买数据来勾画出你的购买行为，当你在一些银行系统的网站登录时，你会输入你的身份证信息和银行卡号。数字身份会涉及我们的个人行为，也会涉及我们的基本的或者隐私性的信息。

随着互联网的发展，数字身份正变得越来越重要，同时也呈现出很多问题，主要体现在以下三个方面。

（1）登陆不同的社交媒体和电商网站，每次都需要提供身份证明，因为这些系统彼此封闭，后台没有打通。

（2）用户的隐私数据会被这些中心化的企业获取，这些数据可能会被利用或遭到贩卖。

（3）这些中心化的企业并没有能力去存储、保护这些数据，常常因为自身的安全漏洞而导致用户数据的泄漏。这些被窃取的隐私数据如果被不法分子购买和使用，数据拥有者在人身安全和财产安全上都有可能面临巨大的潜在威胁。

例如，仅在 2018 年，Facebook 泄漏了 8700 万用户信息；一款健身应用 MyFitnessPal 泄露了 1.5 亿用户信息；MyHeritage，一个家庭基因检测网站，泄露了 9200 万用户信息，这些信息中甚至包括用户的 DNA 测试结果。酒店行业更是重灾区，华住旗下多个连锁酒店泄露了 2.4 亿条用户数据；万豪国际泄漏了 5 亿用户信息。

自主身份可以解决传统的中心化数字身份带来的这些问题。它是一种用户个人拥有完全控制权的自我主权身份，与用户身份相关的数据可以被安全、私密地存储，用户可以决定如何访问和使用这些身份数据，也能有效地用这些身份数据进行身份验证。在这种情况下，我们可以在不重复构建账户、不暴露身份数据的情况下用一种身份登录不同的服务。

这种自主身份可以通过 DID（Decentralized Identifier，分布式身份标识）来实现。分布式身份标识由 W3C（World Wide Web Consortium，万维网联盟）主导开发，是一套通过可以验证的数字身份标识来实现用户身份自主管理的开放标准。用户身份数据始终置于终端用户自己的控制之下，而不是被中心化的实体控制。

传统的互联网巨头们需要引入自主身份来解决痛点，因为人们越来越重视隐私，个人身份数据被滥用和泄漏将会让类似于"删除 Facebook"的运动愈演愈烈。

区块链技术具有数据不可篡改、保护隐私等特点，非常适合实现自主身份；另外区块链自身也迫切需要解决"身份"问题，因为相较于传统互联网，价值互联网上的身份证明更为重要。

Facebook 进入区块链选择的第一步是自主身份，微软进入区块链领域的方式也是把区块链用于实现分布式身份识别系统之中。

2018 年 2 月，微软发布了一份名为《分布式数字身份和区块链：我们所看到的未来》的公告，称在过去的一年中已经利用区块链技术来设计新型的数字身份，用以增强个人隐私、安全，以及控制。微软认为区块链技术可以帮助他们解决在以数字化方式管理个人标识和数据过程中面临的一些挑战，称"随着数据泄露和身份盗窃变得越来越复杂和频繁，用户需要一种方法来获得他们身份的所有权。在研究了分散存储系统、一致协议、区块链和各种新兴标准之后，我们认为区块链技术及协议非常适合用于实现分布式身份标识。"微软看重的是在无须依赖第三方服务和解决方案的情况下，区块链技术可以将控制权交给用户，并能安全地存储用户个人数据。

自主身份的实现目前正在探索过程中：DID 定义了通用的数字身份标识，公钥和私钥可以证明用户是否拥有该标识，区块链解决身份数据的可信存储问题和可验证问题，而包括零知识证明在内的隐私保护方法会进一步减少个人数据的随意披露……随着相关协议和技术的发展，也许在不远的未来，人们将真正实现对自己身份信息的所有权和控制权。

区块链对自主身份提供了支撑。人们可以将自己完整的数字身份信息和身份证明打包上链，通过哈希值和时间戳，成为可查的真实的身份数据。利用非对称加密方法，可以较好地实现区块链上身份信息传输的安全性。非对称加密可以使得公钥加密后的信息在网络上公开的传输，然后利用解密人掌握的私钥进行解密，由于私钥是解密人自己手里才有的，所以不用担心信息被泄露。

发展区块链数字身份系统是必然的，区块链技术在某种程度上为数字身份系统提供了一个相对可信的方案。基于区块链，用户得以在拥有数字身份的同时保护自身隐私，并且只允许特定组织或个人访问、储存、分析或分享个人数据。同时，企业需要进行用户身份的识别和验证，在遵守用户隐私规定的条件下，建立起完整的用户数据库。

区块链+数字身份：uPort

uPort 项目是基于以太坊的数字身份 ID 应用，用户能够完全控制个人身份以及个人数据。通过 uPort，用户可以在以太坊上创建身份、安全登录去中心化应用、管理个人信息和认证、签署以太坊交易以及数字签名文件。

uPort 已经与瑞士楚格州合作，为当地居民提供数字身份证，通过区块链将真实世界的身份与互联网世界的身份联系起来。

uPort 解决方案为：创建一个由用户控制的，基于区块链的数字身份，类似于一个社交媒体账户，这个基于区块链的账户可以应用于全网。用户可以基于不同情况授予或废除对其信息的访问权。

以用户要使用共享汽车为例，用户需要做以下事情。

（1）每个应用都要申请账号。由于开车需要有驾照。需要在每个应用上上传驾照照片，等待审核。审核的时间有长有短。

（2）每个应用可能还需要交纳一定的押金。如果某个应用提供的是豪华车，你可能还需要交纳更多的押金，或者上传你的信用或资金证明并等待审核。

这里只是共享汽车。假如还有更多的应用要求上传更多各种不同的证明文件，并且要通过审核才能使用，那将会需要随身带着各种证明资料，或者把它们拍成照片存放在手机里，哪个应用如果需要什么资料，就从相册里上传哪个资料。而假如文件袋或者手机遗失，会面临隐私泄漏以及补办资料的麻烦。

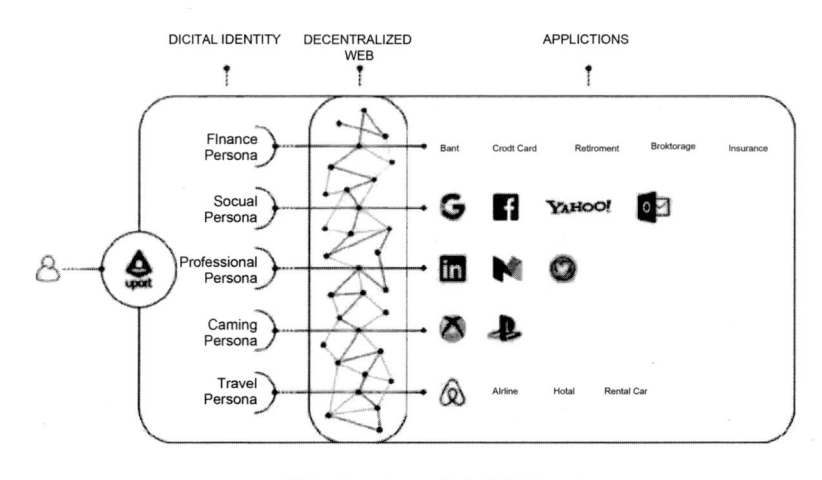

图 2-12　uPort 的方案架构

uPort 可以提供一个简单的区块链数字身份方案：在手机安装 uPort 的 App，使用 App 将各种证明文件进行拍照上传，uPort 验证后，通过 uPort ID 会关联起所有的证明文件。假如将要使用的某个应用需要有驾照证明，或者资产证明，并且这个应用接入了 uPort，就可以直接打开 uPort App，扫描二维码注册或者登录就可以进行验证，不再需要在不同的应用中重复上传证明文件了，同一个应用要求多个证明时，更是可以迅速完成验证。

uPort 能够让用户直接在区块链世界中创建属于自己的数字身份 ID，并告知给大家"我是谁"，使得在拥有数字身份的同时保护自身隐私。

2.6 智能合约：自动执行的数字合同

1994 年，计算机科学家和密码学家 Szabo 首次提出"智能合约"概念，它早于区块链概念诞生。Szabo 描述了什么是智能合约："以数字形式指定的一系列承诺，包括各方履行这些承诺的协议。"虽然有它的好处，但智能合约的想法一直未取得进展——主要是无法保证智能合约的条款不被篡改。

直到 2008 年，第一个加密货币比特币出现了，同时引入了区块链技术。区块链上的数据不可被篡改、分布式部署的特征，使得智能合约具备了底层技术保障。五年后，以太坊让"智能合约"走进了大众视线，涌现出了各种不同形式的智能合约。

简单地理解，智能合约是一个以计算机语言而非法律语言记录条款的智能合同。基于可信的、不可篡改的规则、条款和数据，智能合约可以自动化地执行一些预先定义好的自动流程，比如银行和个人之间的定期供贷行为等。当一个预先编好的条件被触发时，智能合约将执行相应的合同条款。

2.6.1 机制透明：公平的游戏

当前阶段，虽然在线博彩、游戏市场和技术开发流程等已经非常成熟，但是整个市场良莠不齐，舞弊作假的现象层出不穷，严重干扰甚至阻碍了产业发展。而且由于信息不透明、是中心化的平台，用户将大量现金存入平台，资金的安全性很多时候没有保障。在遇到平台跑路和破产时，所有账户余额化为泡影。

区块链技术可以让信息透明化，用户面临更加公正的游戏环境。当游戏的核心机制上链之后，玩家们可以查看过去只隐藏在中心化服务器中的游戏规则，这给开发商和玩家之间建立了更强的信任纽带。

在游戏机制透明的逻辑下，玩家可以清楚地知道并相信某个宝箱的开宝概率，某个稀有武器是不是真正稀有，开发商所承诺的是否真正兑现。在传统游戏源代码黑箱的情况下，这些完全可以由游戏运营方随意调节。公平公正的机制，和由开发商、玩家一起达成共识的游戏规则，给玩家带来的是更纯粹的体验。

区块链技术与游戏和博彩的结合，可以实现多方的公平透明，让娱乐真正回归本质。

Etheroll 博彩游戏

Etheroll 是第一款成熟健全的以太坊博彩类 DApp，是一个简单的猜数字游戏，可以设置不同的赔率进行押注。因为有了透明的智能合约，我们可以检查代码清楚地知道庄家优势是多少，而不会被中心化的庄家随意戏耍。

具体玩法是：玩家选定一个数字（2~98），下注，之后系统掷一个 100 面的骰子（数字 1~100），如果掷出来的点数比玩家选定数字的点数小，那玩家就算获胜。

系统掷出的点数是通过 Random.org（一个网站，提供真正的随机数序列，是通过自然界的电磁辐射——大气噪声，一种自然界的随机现象来产生随机数）随机生成的，并依靠 Oraclize.it 服务（一种可靠数据传输服务）将随机数字安全地输送到区块链上，最后通过 Etheroll 的智能合约自动计算从 Random.org 得出的随机生成数与玩家设定数对比的结果来判定游戏输赢。

在游戏界面里，玩家只需选好下注金额，以及期望胜率（2%~98%），连同你选定的数字，就可以很快地开始游戏了，界面会显示扣除 1%手续费后的获胜奖励。

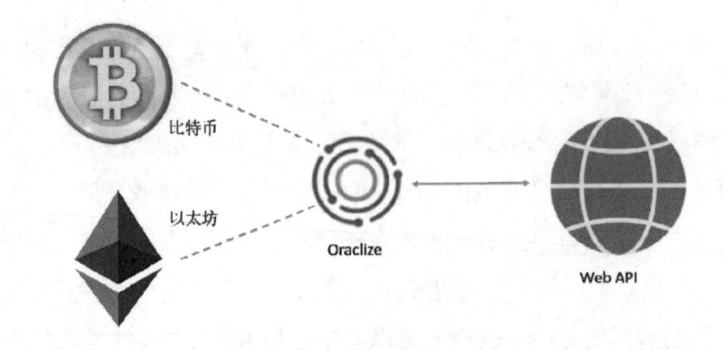

图 2-13　Oraclize 示意图

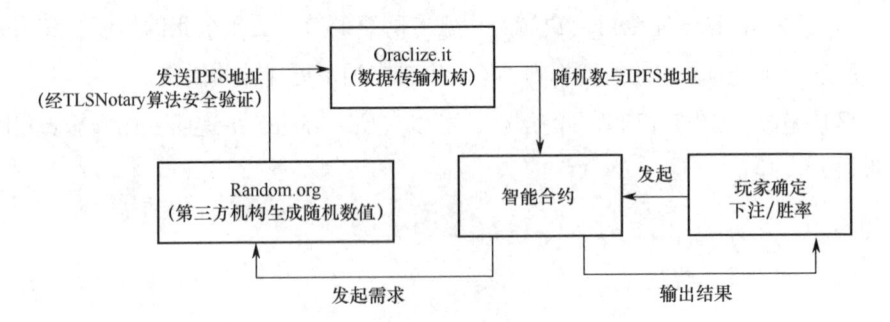

图 2-14　Etheroll 的流程

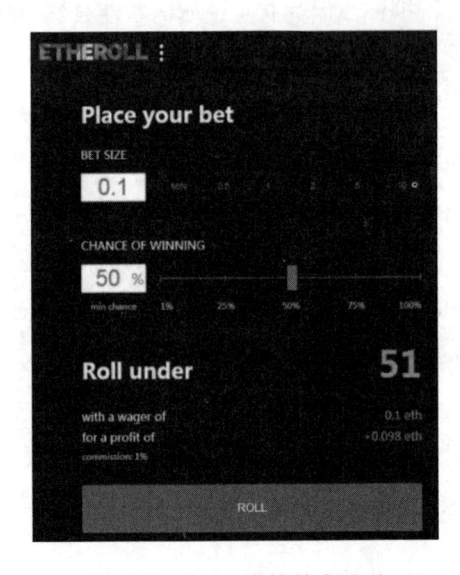

图 2-15　Etheroll 的游戏界面

2.6.2 自动执行：公正的合同

智能合约包含了有关交易的所有信息，只有在满足要求后才会执行操作。智能合约和传统纸质合约的区别在于智能合约是由计算机生成的。因此，代码本身解释了参与方的相关义务。

很多区块链网络使用的智能合约，功能类似于自动售货机。智能合约与自动售货机类比：如果你向自动售货机（类比分类账本）转入比特币或其他加密货币，一旦输入满足智能合约代码要求，它会自动执行双方约定的义务。义务以"if then"形式写入代码，例如，"如果 A 完成某项任务，那么，来自 B 的付款会转给 A"。通过这样的协议，智能合约允许各种资产交易，每个合约被复制和存储在分布式账本中。这样，所有信息都不能被篡改或破坏，数据加密确保参与者之间的完全匿名。

开发人员会为智能合约撰写代码。智能合约可用于多方之间的任何交换行为，该代码包含一些会触发合约自动执行的条件；一旦编码完成，智能合约就会被上传到区块链网络上，即它们被发送到所有连接到网络的设备上；一旦将数据上传到所有设备上，用户就可以与这段执行程序代码达成协议；然后更新数据库以记录合约的执行情况，并监督合约的条款以检查合规性。这样一来，单独一方就无法操纵合约，因为对智能合约执行的控制权不在任何单独一方的手中。

智能合约的应用有很多。比如，与房屋租金协议相关的智能合约只有当业主收到租金才会触发自动执行，并将公寓的安全密钥发送给租户。这个合约可以确保租金的定期支付，并且每个月重启。

智能合约可能是区块链上最具革命性的应用。如果智能合约在区块链上实现广泛运用，经济分工将在互联网时代进一步细化，全球范围内的各网络节点将直接对接需求和生产，更广泛的社会协同将得以实现。如果上述愿景实现，区块链技术与行业的结合有望迎来"从 1 到 N"的爆发时刻，它的爆发或将不是线性的而是非线性的，区块链也才可能从"信任机器"升级成为引领产业浪潮的重要"引擎"。

智能合约目前也存在一些缺点，如人为错误、不确定的法律状态等。智能合约的不可逆转特性，使得一旦出现人为错误就无法修改。智能合约里一些绑定协议可能包含错误，而它们是无法逆转的。另外，智能合约缺乏法律监管，只受制于代码约定的义务。缺乏法律监管可能会导致一些用户对网络上交易持谨慎态度。

案例：安盛保险（AXA）

2017 年 9 月，法国保险巨头安盛保险（AXA）推出了一种新的航班延迟保险产品，使用以太坊公有区块链为航空旅客提供自动航班延迟赔偿。

凭借这款叫作"Fizzy"的新区块链保险产品，AXA 宣称要成为"第一家提供使用区块链技术的保险产品的大型保险集团"：如果航班延迟超过 2 小时，保险产品"Fizzy"的赔偿机制会自动执行，会向乘客进行自动费用偿还，直接发送到投保人的"信用卡"账户中，独立于 AXA 的决定。

Fizzy 使用了智能契约，AXA 将 Fizzy 描述为一种 100%自动化、100%安全的平台，为航班延误提供参数化保险。他们将公有以太坊区块链用于记录保险产品购买，以及通过使用区块链上的智能合约来触发自动支付。以太坊智能合约还与全球空中交通数据库相连接来不断监视航班数据。

2.6.3　降本提效：高效的发行

智能合约在处理规范文档、执行指定操作步骤时，有非常高的效率，这主要因为它能够采用完全自动化的流程，不需要任何人为参与，只要满足智能合约代码所列出的要求即可，可使得传统的流程能节省时间，降低成本，交易精确。

很多类似金融工具、股票衍生品等，涉及领域较多，操作复杂，如果可以与区块链智能合约结合，将大大提高发行效率等。另外，对于金融这种安全级别要求非常高的机构而言，私有区块链的成本相比传统数据库虽然更昂贵，并且私有链并不具备公链的抗审查特性，也不具备无须许可特性，但私有链的安全性更加适合金融类的应用。

第二章　区块链的核心功能与行业应用

世界银行区块链债券

2019年8月，世界银行发售了价值3380万美元的区块链债券，这已经是世界银行第二次发售区块链债券，具有里程碑意义。

一年前即2018年8月，世界银行授权澳大利亚最大的商业银行澳洲联邦银行，发行"世界首个区块链债券"，使用了一条私有的以太坊区块链，发售了一批价值约8000万美元的债券，为期两年，2020年8月到期，由澳大利亚联邦银行、加拿大皇家资本市场和加拿大道明证券共同负责销售。

世界银行这两次一共发行了约1.1亿美元的债券，这些债券运行于以太坊私人版本的区块链上。世界银行的区块链债券，是世界上第一个使用区块链技术创建、分配、转让和管理的债券。

参与的多家机构认为，区块链可以简化众多债务资本市场中介机构和代理商之间的流程，有助于简化融资和交易证券的过程，提高操作效率，加强监管。

澳大利亚联邦银行和世界银行表示，区块链技术将会简化融资、证券交易流程，提高运作速度，同时强化监管力度。

世界银行财政部资本市场、银行和支付业务主管斯奈思曾说过，投资者们可以实时见证和确认他们的购买行为，这消除了系统费时的核对需求，大大提升了效率。世界银行的试验已表明，基于区块链的债券可有效地将结算时间从数天缩减至几秒。

区块链发行债券可以大幅降低发行成本。世界银行每年会发行500亿~600亿美元的债券，在承保成本方面的减少，以及结算及对手方风险的降低，非常有利于世界银行，这使得世界银行能够有更多的资金，来履行其支持低收入国家发展的任务，尤其适合发展中国家降低其项目发行或项目借款时的成本。

第三章

区块链技术基础及技术前沿

3.1 技术基础：区块链技术的擎天柱

3.1.1 点对点网络：去中心化的底层协议

点对点技术（Peer-to-Peer，P2P），又称对等互联网络技术，是一种网络传输协议，主要特点就是改变传统的中心化的架构，不再依赖如网站的少数几台服务器，而是去中心化的架构，依赖网络中所有的参与节点。

在点对点网络中，每个用户既是网络数据存储空间的提供者，又是网络数据的使用者。可能你存储的信息正是别人需要的，而你需要的信息又存储在别的节点上。那么在这个分布式存储的数据库中调用或者下载数据的时候，只需要点对点进行就可以了，而不是去某一个或几个大的服务器上下载。

P2P 网络可以用于多种场景，在点对点文件共享传输领域已经得到了广泛的应用。比如我们下载电影用过的"电驴"，就是一款基于点对点原理传输文件的软件，这种下载方式与 Web 方式正好相反，并不是从某一个网站（中央服务器）去下载，而是和不知在哪儿的提供了这部电影资源的用户之间的点对点传输，也可以说每台有电影资源的用户都是服务器，是一种"人人平等"的下载模式。每台用户电脑在下载其他电脑上的文件的同时，还提供被其他电脑下载的功能，所以使用这种下载方式的用户越多，下载速度就会越快。

P2P 技术的优势可以概括为以下几点。

（1）突破了中央服务器的瓶颈：不会出现高频搜索下载时的拥堵的情况。反而越多节点参与，资源越丰富，传输的速度越快。

（2）无限扩展性：任意节点可以自由地加入或退出，越多节点参与，全网的性能越高。

（3）稳定和安全性：由于数据是点对点传输的，这个节点的数据出现了问题，可以找别的节点下载。某个节点或部分节点出现问题不会影响全网的安全性。

（4）节能和共享：利用现有硬件资源存储和传输数据，无须花费高额的费用搭建中央服务器，节能的同时还可以实现资源共享。

同时，P2P 技术也存在以下不足。

（1）版权问题：电驴就是很好的例子，电驴最辉煌的时候，超过了同期所有的 P2P 服务公司，几乎人人在用。后来因为所传输的电影、音频等存在侵权行为，而结束了那段辉煌的时光。

（2）垃圾信息、病毒被植入文件中：由于没有中央服务器的管制和筛选，存在着大量的垃圾信息，或者病毒被植入要下载的文件中，也会造成麻烦和损失。

区块链平台通常选择完全分布式且可容忍单点故障的 P2P 协议作为网络传输协议，每个节点均拥有路由发现、广播交易、广播区块、发现新节点的功能。任何加入区块链的客户端（如比特币完整版客户端），就是所有 P2P 节点中的一个。只要打开这个客户端，就开始下载自比特币创立以来所有的交易数据（即交易账本）；完整下载整个账本之后，除了更新最新的交易数据外，同时为其他节点提供账本共享服务。无数个这样的节点，就组成了一个 P2P 的区块链网络，因此，这样一个共享式的公开账本，完全不需要任何中心服务器就可以做到，而且它非常健壮，节点越多，越难破坏。

3.1.2　非对称加密：无须传递密钥的密码算法

加密就是一种信息的映射。19 世纪 70 年代之前，密码学都是基于对称密钥，也就是发送者使用特定密钥加密信息，而接收者使用相同密钥解密，加密和解密使用同样的密钥。这种加密算法最大的弱点就是必须把加密规则和密钥告诉对方，否则无法解密，在这种情况下，如何安全地传递密钥是难以解决的问题。传递的越多，越不利于密钥的保密，因此对称加密尤其不适宜一对多的加密信息传输。

1976 年，Whitfield Diffie 与 Martin Hellman 发表了题为《密码学的新方向》的论文，他们在论文中提出了一种崭新的构思：加密和解密可以使用不同的规则即非对称加密，可以在不直接传递密钥的情况下完成解密。论文中的公钥密码思想和密钥交换协议在密码学中具有划时代的意义，公私钥的出现成功解决了密钥传递问题，它们是互联网安全协议的基础。

非对称加密算法和对称加密算法的最大区别在于，加密的密钥和解密的密钥不再是同一个，而是两个密钥，一个公钥，和与之对应的一个私钥。公钥是公开的，数据发送者用公钥对数据进行加密，私钥是保密的，数据接收者需要用私钥解密。主流的非对称加密算法包括 RSA 算法、DSA 算法、Elgamal 算法、Rabin 算法、D-H 算法、ECC 算法等。背后的数学原理从大数分解到复杂的椭圆曲线上的离散对数问题，比较复杂。

我们可以类比生活中的实际例子来理解上述对称加密与非对称加密。比如你想寄一封信给朋友，为了信的内容不泄露，你会想着用一把钥匙和锁，把信件锁在安全的柜子里，然后再将柜子寄给朋友，而你的朋友只能用你这把钥匙才能打开这个柜子的锁而取出信件。这样一来就保证了信件在邮寄过程中不被他人看到。这个过程中，"上锁"和"开锁"都用的同一把钥匙，这把钥匙就相当于对称加密中的"密钥"，而"上锁"和"开锁"过程就相当于"加密"和"解密"过程，"信件"则是我们要加密的信息，信息加密后相当于放置在柜子中。

但是信件上锁放入柜子虽然很安全，但是开这个柜子必须要用上锁的那把钥匙，那么如何将这把钥匙给朋友？钥匙不能当面给朋友，否则就没有必要邮寄信件了。钥匙一旦选择邮寄，那就存在安全隐患，所以对称加密的主要问题是密钥传送困难的问题。

而非对称加密有一对密钥，分别是私钥和公钥，公钥和私钥一一对应，私钥需要保密，而公钥则是可以公开的，加密和解密不再是用同一个密钥。这时，你朋友去配了一对钥匙（钥匙 A 和钥匙 B），用钥匙 A 上锁柜子之后，必须要钥匙 B 才能开锁柜子。你朋友把钥匙 A 邮寄给你，你用这把钥匙把信件锁到柜子中，然后将柜子邮寄给你朋友，你朋友用钥匙 B 打开柜子取出信件。即使朋友邮寄钥匙 A 的时候，被快递人员偷配钥匙，但是快递人员持有钥匙 A 也不能打开柜子，因为钥匙 A 上锁柜子之后，只有钥匙 B 才能开锁。整个过程中钥匙 B 一直在朋友手上，只要朋友不把钥匙 B 弄丢，这个柜子就只能由朋友打开。

在非对称加密中，钥匙 A 就相当于公钥，它被人知道也没有关系，钥匙 B 相当于私钥，它需要持有人小心保存，不能丢失。"上锁柜子"和"开锁柜子"相当于"加密过程"和"解密过程"，而且在非对称加密中，最重要的是加密和解密用的不是同一把密钥，而是一对密钥，即私钥和公钥。

在区块链中，主要有以下两个场景使用了非对称加密。

（1）公钥对交易信息加密，私钥对交易信息解密，私钥持有人解密后，可以使用收到的信息数据资产。

（2）私钥对信息签名，公钥验证签名，通过公钥签名验证的信息确认为由私钥持有人发出。

上述邮信过程体现的是公钥加密，私钥解密。区块链中当别人给你转账的时候，你的收款地址（可以理解为公钥）是公开给他人的，而转入的资产只有持有私钥的你才可以"解密"它，对它自由支配。比特币中，公钥就是通过私钥推导而来的，公钥继续转换变成账户地址，而且这个过程是不可逆的，公钥是不能反向推导出私钥的，私钥和公钥是一对，用户需要妥善保管好自己的私钥，而公钥和账户地址都是可以公开的。

还有一种情况是私钥加密，公钥解密，典型的应用场景就是数字签名：A 采用自己的私钥加密文件信息后发送给 B，并将公钥也发送给 B，B 利用这个公钥对信息解密，如果 C 和 D 也有这个公钥，那 C 和 D 也可以解密这个文件信息，但是只有持有私钥的 A 才能加密这个信息，因此可以确保这个文件信息确实是由 A 发出的。这就比较适用于一些公司老总做电子签名，以确保签名是老总签的。

在区块链中，你的收款地址就相当于公钥，人人可以看到，但是如果你要转移你的资产给朋友，你需要输入私钥进行数字签名，来表明这个资产确确实实是由你发出的。

3.1.3 共识机制：平等独立基础上的规则统一

区块链是一个分布式的账本，所有节点共同维护账本数据，每个节点都有一份完整的数据备份，而且数据内容必须完全一致，每个节点都可以在本地查找交易记录，每个节点也可以在本地添加交易。

区块链的这种分布式账本，除了互联网本身面临的网络延时、传输错误等固有问题，还有由于去中心化而带来的不能信任任意参与者、可能存在恶意节点、各方利益不一致导致数据分歧等问题。没有一个中心来指挥、协调，要完成这些协作，区块链就必须有一个共识机制，这个机制必须解决以下两个基本问题。

（1）谁来记账。谁有权写入数据，包括确定写入哪些数据、数据先后次序？
（2）账本认可。其他人可以来选择，是否认可你记的账？

关于问题（1），即谁来记账的问题，区块链目前有多种解决方式，下面介绍三个主要的方式：PoW、PoS 和 DPoS。

PoW (Proof of Work) 工作量证明。

这里的工作量指的是计算机求解 Nonce（随机数）的过程：每个希望参与记账的节点都要去计算求解一个随机数，使得这个随机数加上区块头数据的哈希值满足给定的条件，比如这个哈希值要以多少个 0 为开头。在一定时间段内，找到随机数的难度是一定的，这就意味着，得到这个随机数必然要经过一定的工作量。最先求得这个随机数的节点，就获得区块记账权，将打包的交易区块添加到既有的区块链上，并向全网广播，其他节点验证、同步。

PoS (Proof of Stake) 权益证明。

系统根据节点持有的 Token（代币）的数量与时间的乘积（币天数），来分配相应的记账权，拥有的越多，获得记账权的概率越大。Token 就相当于区块链系统的权益（Stake），因此被称为基于权益的证明。

DPoS (Delegated Proof of Stake) 权益授权证明。

拥有 Token 的人投票给固定的节点，这些固定节点作为权益人的代理去行使记账的权利，这些获得投票认可的代表，根据一定的算法依次获得记账权。不同于 PoW 和 PoS 理论上全网都可以参与记账竞争，DPoS 的记账节点在一定时间段内，是固定在一个小范围内的。

关于问题（2），即其他节点是否认可你记的账？其他节点收到这个节点的随机数答案和区块后，验证以下三件事。

① 该节点给出的答案是否正确。因为题目是求解满足一定条件哈希值的随机数，所以验证的时候只要拿该节点的答案即随机数 Nonce 来哈希计算一下，看得出的结果是否符合题设给出的哈希值；

② 验证该区块中的所有交易是否有效，例如，比特币系统中要验证发送方是否有足够的比特币，以及确实是发送方发起、发送方的数字签名等；

③ 该区块里的交易是全新的，也就是说，这些交易没有被打包到以前的那些区块里。

这些验证通过了，其他节点才可能认同这个区块。其他节点认可该区块的方法，就是跟随该区块的末尾，继续制造新的区块来延长该链条。如果不认同这个区块，就会跳过这个区块，在上一个区块的末尾连接来延长链条。

添加区块的时候，由于各个节点都在自发地记账或者同步，在点对点相互通信下的情况下存在较高的网络延迟，因此各个节点可能收到新区块的先后顺序是不一致的，或者由两个节点同时解出题，其他节点面临选哪个区块的问题。

中本聪引入最长链及经济激励的方法解决上述问题：以最长链作为主链，即每个节点总是选择并尝试延长主链，各节点都以区块最多的那条链作为自己添加、更新区块的选择，最终以最长链为准，这样多节点就能同步一个互相认可的、权威的公共账本了。而且，通过引入经济激励，在算法体系之外对共识机制进行突破，即被纳入主链的记账节点将会获得经济激励。这使得比特币等区块链系统中各节点主动按照规则诚实操作，为获得经济利益主动维护系统规则，保证了整个系统的稳定运行。

3.1.4 智能合约：交易触发的合同代码脚本

1994 年，计算机科学家和密码学家 Szabo 首次提出"智能合约"的概念，Szabo 描述的智能合约是指"以数字形式指定的一系列承诺，包括各方履行这些承诺的协议"，基本思想是在硬件和软件中嵌入合同条款，使得合约不能被破坏或是违约成本极高。

智能合约出现后，一直没有适合的技术方案予以支撑，比如签署合约的多方如何相互信任，并达成一致，以及合约执行过程的安全可靠性等问题，长期以来都缺乏技术基础。

区块链技术的出现，为智能合约的应用提供了技术可能性。在区块链技术基础上的智能合约，是存储在区块链上的一段脚本代码，拥有区块链的钱包地址，基于区块链交易来触发执行。合约执行的规则以代码形式存在链上，满足触发条件后，智能合约就会自动启动执行合约代码，不需要任何干预，并将执行结果保存在区块链上。

智能合约对区块链具有重要意义，可以说智能合约是区块链被称之为"去中心化"的重要原因之一，它允许我们在不需要第三方的情况下，实现了执行可追溯、不可逆转和安全交易的技术优势。

以太坊首次将智能合约与区块链联系在了一起。以太坊的结构与比特币相比没有本质差别（如图 3-1 所示），但以太坊全面实现了智能合约的概念，支持了全新的智能合约编程语言，以及为了运行合约增加了一个以太坊虚拟机，以太坊中的智能合约就是通过虚拟机来运行的。

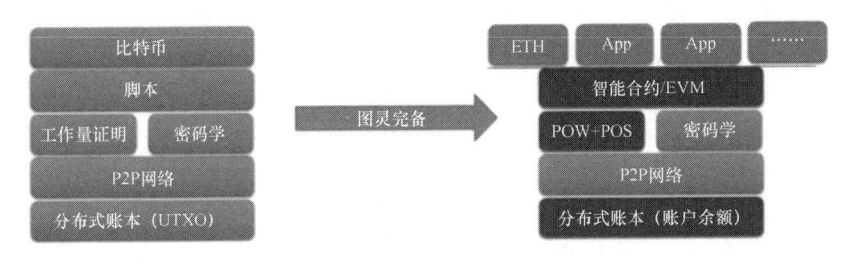

图 3-1　区块链架构演变：从比特币到以太坊

以 A 转账给 B 为例，以太坊的智能合约的实现如图 3-2 所示：

A给B转账：

```
Contract {                                    ← 合约名
    function transfer(address to, int amt) {
        address from = msg.sender;
        from.eth = from.eth - amt;            ← 扣减A的金额
        to.eth = to.eth + amt;                ← 增加B的金额
    }
}
```

图 3-2　智能合约代码举例

通过上面的简单例子可以看出，智能合约就是区块链环境里的可执行代码，智能合约使得区块链的扩展性更强，且实现上更简洁。

智能合约的关键特点是它的执行力不依赖任何信用背书，也就是说你不需要依赖第三方来执行各种条款。既不需要依靠对方对合约的履行言行一致，也不需要在合约执行出现问题时依靠律师和法律制度来纠正事情，智能合约可以及时客观地执行合约约定的各个事项。

所谓"智能"的部分在于合约的执行不依赖任何一方的合作。例如，相比把拖欠房租的租客请出房子，一个"智能"的合约会直接将没有按时付款的租客锁在房子外面。对于合约约定后果的无条件执行是智能合约显得强大而有力的原因，而不是智能合约具有天生的智慧。

但智能合约也存在不足。由于智能合约不依靠任何信用背书，同时也意味着合约的订立不能有任何模棱两可的空间。这就导致起草一份没有漏洞的智能合约非常困难。

智能合约以"代码即法律"的观点发起，也就是说，在以太坊中，智能合约是最终的权威，没有人可以否决智能合约。但当 DAO 事件发生时，这种认识导致了系统崩溃。DAO 是"分散的自治组织（Decentralized Autonomous Organization）"的简称，他们在以太坊中创建了一个基金，用户可以将资金存入 DAO，并根据 DAO 投资收益获得回报，DAO 在以太币价值 20 美元时募集了大约 1.5 亿美金。但 DAO 的代码本身存在漏洞，招致了黑客的攻击，"黑客"找到了一种方法，以智能合约起草者没有考虑的方式从合约中盗取了几乎全部的资金。本质上讲这种行为与一个脑筋活泛的注册会计师找出税收法的漏洞以帮助其客户省钱没什么不同。因此说，智能合约的安全合理性还不是很成熟，相信随着区块链相关技术的不断发展，智能合约的成熟度会不断提升。

3.2 技术前沿：区块链技术的升维

3.2.1 跨链："区块链"之"链"

随着区块链应用的逐渐增多，目前已有很多区块链项目，形成了多条链，每一个独立的区块链都形成了自己的一套体系。最终全球各行业归于一条链是不现实的，但同时各条区块链之间还有彼此交互的需求，对于区块链特别是联盟链来说，跨链技术是实现价值网络的关键，可以帮助联盟链从分散、垂直的行业应用向外进行扩展。

跨链简单来说，是信息从一条链到另外一条链，就是通过一个技术，能让价值跨过链与链之间的障碍，进行直接地流通，比如用比特币 BTC 兑换以太币 ETH。

从互联网的角度来理解，有点像信息从一个内网到另一个内网，这对于已经有统一的底层标准传输协议的互联网来说很简单。区块链每一个网络都是一个相对封闭、且内部各个节点互不信任的系统，每发生一件事都要进行共识。而链与链之间的共识机制可能是不同的，所以不同链之间的价值是不能直接转移的。如果要让用户在一条链上存储的价值（如比特币），能够变成另外一条链上的价值（如以太坊），实现信息和价值的流通，就需要跨链技术。

跨链技术是实现区块链之间互联互通的技术，主要是满足资产兑换、资产转移、跨链合约等场景需求，如图 3-3 所示。

资产兑换：A 想用 X 链的资产（Token）兑换 Y 链的资产（Token），B 想用 Y 链的资产兑换 X 链的资产，经系统撮合进行兑换。

资产转移：A 想把 X 链的资产（Token）转移到其他区块链上。

跨链合约：智能合约涉及多个链的信息，需要跨链读取。

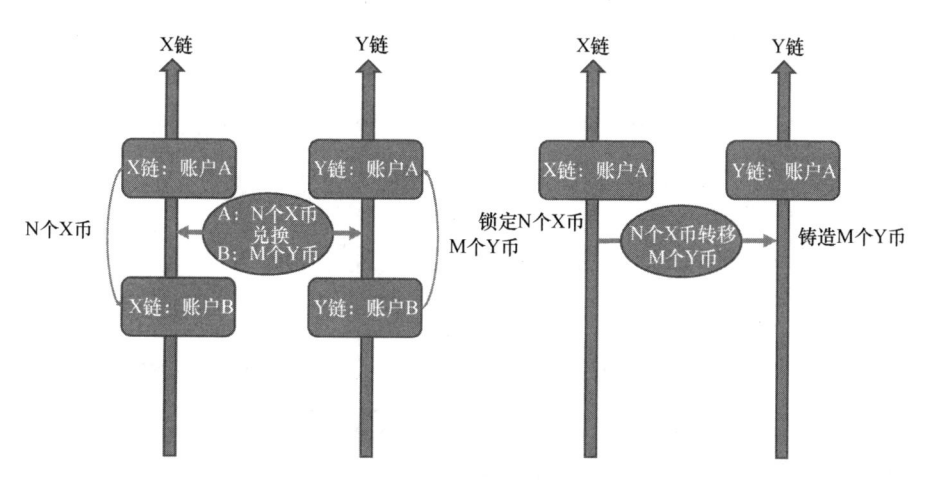

图 3-3 跨链的场景

目前主流的跨链技术包括：

(1) 公证人机制（Notary schemes）/去中心化交易所协议。

公证人机制是链与链交互操作最简单的使用方法，由某个或某组受信任的团体来声明 A 链对 B 链上发生了某件事情。在许可分账领域受到很多关注，灵活共识无须工作证明或利益机制证明等。

假设 A 和 B 是不能进行互相信任的，那就引入 A 和 B 都能够共同信任的第三方充当公证人作为中介。这样的话，A 和 B 就间接可以互相信任。具有代表性的方案是 Ripple 开发的跨账本价值传输开放协议 Interledger，它本身不是一个账本，不寻求任何的共识。相反它提供了一个顶层加密托管系统，称之为"连接器"，在这个中介机构的帮助下，不同的记账系统可以通过第三方"连接器"互相自由地传输货币。

(2) 侧链/中继（Sidechains/relays）。

与公证人模式的 "别人告诉 B 链 A 链上发生的事"不同，中继模式则更"直接"， B 链自己直接读 A 链。比如通过验证 A 链区块头和默克尔树等信息验证 A 链上的交易，如以太坊上的 BTC Relay，它是一种基于以太坊区块链的智能合约，把以太坊网络与比特币网络用一种安全去中心化的方式连接起来。BTC Relay 通过使用以太坊的智能合约功能，可以允许用户在以太坊区块链上验证比特币交易。

BTC Relay 的核心是在以太坊智能合约里保存一份轻量的 BTC 交易数据，也就是完整的 BTC 区块头 Hash 数据，并以链表的方式维护。当需要验证一笔 BTC 交易的合法性时，只需提交交易信息和 Merkle 路径，智能合约即可通过合约里保存的交易区块头 Hash 验证这笔交易的合法性。BTC Relay 进行了跨区块链通信的有意义的尝试，打开了不同区块链之间交流的通道。

(3) 哈希锁定（Hash-locking）。

闪电网络的关键技术是 HTLC（Hashed Timelock Contract，哈希时间锁定合约）哈希锁定技术，它提供了一个可扩展的微支付通道网络。哈希锁定，是通过形成智能合约来保障任意两个人之间的转账都可以通过一条"支付"通道来实现，完成"中介"的角色，如图 3-4 所示。交易的双方通过智能合约，先冻结部分钱，并提供一个 Hash 值。谁能在合约设置时间内匹配上 Hash 值，那么谁就拥有这部分冻结的资产。

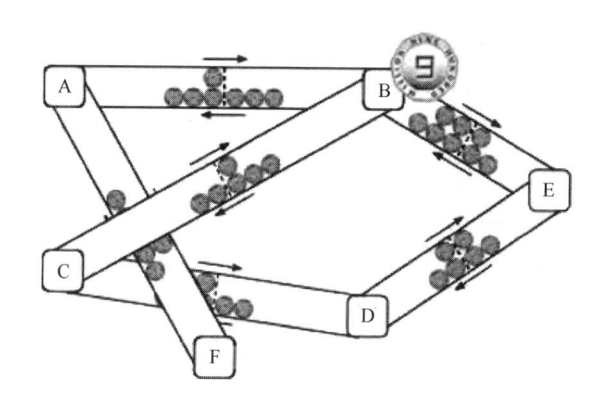

图 3-4 哈希锁定的原理

A 想给 D 发送 0.05 BTC，但 A 和 D 之间并没有微支付通道。闪电网络为 A 匹配了一条经过 B、C 到达 D 的支付路径。

D 先生成一个值 R，并将 Hash(R)发送给 A；然后 A 和 B 可以商定一个 HTLC 合约：只要 B 能在 3 天内向 A 出示正确的 R，使得 A 验证 Hash(R)正确后，A 会支付 B 0.052 BTC；如果 B 做不到，这笔钱 3 天后自动退还 A；同样地，B 和 C 商定一个 HTLC 合约：只要 C 能在 2 天内向 B 出示哈希正确的 R，B 会支付 C0.051BTC；如果 C 做不到，这笔钱到期自动退还 B；最后，C 和 D 商定一个 HTLC 合约：只要 D 能在 1 天内向 C 出示哈希正确的 R，C 会支付 D 0.05BTC；如果 D 做不到，这笔钱到期自动退还 C。

方案确定好后，D 及时向 C 披露 R 并拿到 0.05 BTC；现在 C 知道了 R，可以向 B 出示密码 R 并拿到 0.051 BTC（差额部分的 0.001 BTC 成了 C 的佣金）；B 知道 R 后当然会向 A 出示并拿到他的那份 0.052 BTC，差额部分的 0.001 BTC 成了 B 的佣金。

可以看到最终的结果是，A 通过闪电网络安全地向 D 支付了 0.05 BTC，所付出的代价仅仅是支付给 B 和 C 两个节点一共 0.002 BTC 的佣金。这样就相当于 A 通过哈希锁定，将资产转移给了 D，实现了跨链。

3.2.2 分片：局部的共识

目前，区块链技术面临着一个巨大的瓶颈，就是如何有效地提升区块的吞吐量（TPS）。分片（Sharding）技术被认为是一种有效的、能够解决区块链吞吐量问题的解决方案。

分片原本是一种数据库分区技术，能够将一个大型的数据库分割成小的数据碎片，并将这些碎片储存在不同的服务器上，使其能够更快更有效地管理数据。区块链中的分片技术，是在2015年初次被提出的。当时新加坡国立大学的 Prateek Saxena 和 Loi Luu，在国际顶尖安全会议 CCS 上发表了一篇论文 *A Secure Sharding Protocol For Open Blockchains*（公有区块链的安全分片协议），首次提出了区块链领域中的分片概念。

分片技术（这里主要指网络分片）的基本原理，主要是"化整为零，分而治之"，用多个分片同时处理不同的交易，最后汇总到主链上。

现在比特币的交易处理，每一个节点都相当于一个独立的服务器。正常情况下，这些节点每次只有一个节点能获得记账出块的权利，剩下没获得出块权的节点相当于做了"无用功"，白白浪费了算力。而且，一个节点收到一波交易，比如 1 万笔，节点会先将这些交易序列化，即给这些交易编个号排队，然后一笔一笔去验证。比特币的这种处理交易的方式就是串行的，即一个时间点只能处理一笔交易，这样做就会有很大的效率瓶颈。

如果将分片技术运用到区块链中，就相当于将区块链网络里的所有待处理任务（比如确认交易、运行 DApp 等）进行分解，全网的节点也进行分组，每一组同时处理一个分解后的任务，这样就从原先单一节点处理全网的所有任务变成了多组节点同时并行处理，如图3-5所示。

举个例子，假设目前以太坊上有 8,000 个节点（矿工），全网待确认的交易是 15000 笔。以太坊每秒能处理 7~15 笔交易，正常情况下至少需要 1000 秒才能处理完这些待确认的交易（暂不考虑处理过程中产生新的待确认交易）。如果采用分片技术，将 8,000 个节点分成 100 组，每组 80 个节点，这 15,000 笔待确认交易分成 100 个分区，每个分区 150 笔，那么，每组节点（80 个）可以并行处理各自分区里的待确认交易（150 笔），这样最快 10 秒钟就可以全部处理完 15,000 笔待确认的交易。

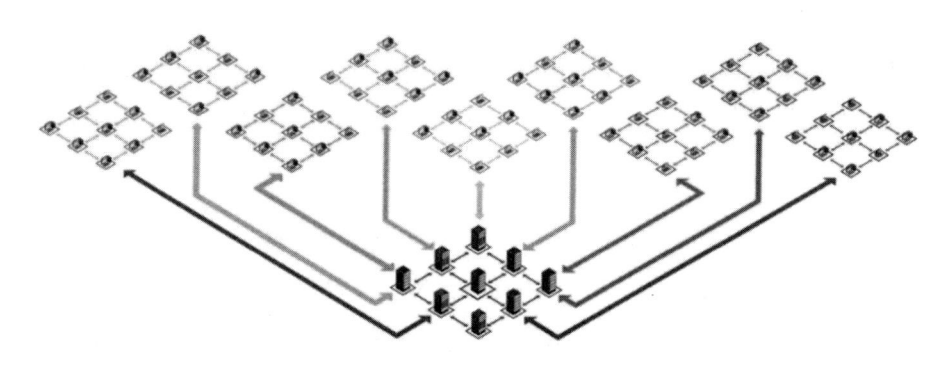

图 3-5　分片技术

从这个例子中我们可以看到，分片技术可以大幅提高区块链的性能。

分片技术作为能解决区块链拓展性问题的新技术之一，具有非常强的技术优势和广阔的发展前景。通过分片处理交易和数据的方式来消除区块的拥堵，扩大吞吐量，结合其他技术加强安全性和效率，进行互补，是目前分片技术的主要运用趋势。

分片技术虽然能在一定程度上解决区块链的性能问题，让区块链更具有可扩展性，但也存在两个缺陷。

第一个是分区之后不同区的通信问题。比如上面的例子，将以太坊网络分成 100 个分区，每个分区都是独立的，相当于有 100 条独立的、平行的以太坊区块链，每条都由一组矿工（80 个节点）维护和确认交易。这 100 条独立的以太坊区块链并不能相互通信，如果要通信，势必要增加跨分区的通信机制（类似跨链），这会增加区块链的复杂性，开发难度也会提高。

第二个是区块链的安全性。还是上面的例子，在未分片之前，以太坊网络是 8,000 个节点组成的算力，分成 100 个分区后，每个分区相当于一条独立的以太坊区块链，算力下降到 80 个节点组成的算力。此时，对其中一个分区进行 51% 算力攻击就容易很多。控制了一个分区，攻击者就可以在这个分区内作恶，篡改交易。

以太坊基金会计划将分片技术作为以太坊 2.0 的升级内容之一，以太坊如何解决分片技术的上述 2 个缺陷，值得我们期待。

3.2.3　DAG：从"链"到"网"

随着比特币、以太坊等发展，区块链技术愈发被熟知，同时这些区块链的效率低下的问题也越来越突出。为此，扩容已经成了当前区块链技术发展的重要议题，出现了很多扩容方案。DAG（Directed Acyclic Graph，有向无环图）就是其中受到广泛关注的一种技术。

DAG 原本是计算机领域一种常用数据结构，因为独特的拓扑结构所带来的优异特性，经常被用于处理动态规划，导航中寻求最短路径，数据压缩等多种算法场景。DAG 即有向无环图，指的是连接有方向、不包含循环的图。具体来说，它由有限个顶点和有向边组成，每条有向边都从一个顶点指向另一个顶点；从任意一个顶点出发都不能通过这些有向边回到原来的顶点。

有向图中各个节点代表着一个又一个的任务，其中的方向代表了任务的执行顺序，此方向的前面节点代表着执行这个任务之前必须完成的其他节点，比如图 3-6 中的有向无环图，在 C 执行前必须执行 A 和 B 节点。所以这里的"无环"是非常重要的，例如图中普通有向图中，执行 C 之前 D 要执行，D 之前 A 要执行，A 之前 C 要执行，那么这三个限制条件永远是不可能被执行的。

有向无环图与我们常用的二叉树也是有区别的，二叉树是每个节点只有两个分叉，而且只能在一个方向上；链接一定要是父子节点。

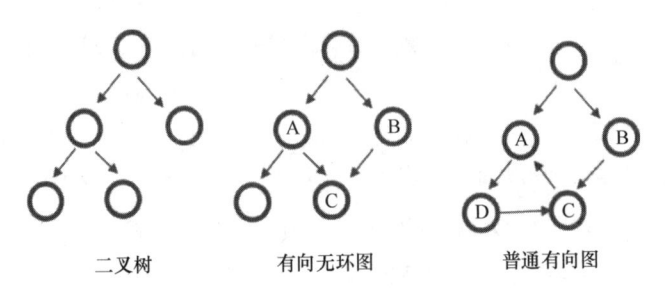

图 3-6　二叉树、有向无环图和普通有向图

2013 年，DAG 概念首次被引入区块链共识算法中，后来有人提出了用 DAG 的拓扑结构来存储区块，解决区块链的效率问题：区块链只有一条单链，打包出块无法并发执行，如果改变区块的链式存储结构，变成 DAG 的网状拓扑可以并发写入。在区块打包时间不变的情况下，网络中可以并行打包 N 个区块，网络中的交易就可以容纳 N 倍。此时 DAG 跟区块链的结合依旧停留在类似侧链的解决思路上，交易打包可以在不同的分支链条上实现并行，达到提升性能的目的，此时 DAG 还是有区块的概念。DAG 示意如图 3-7 所示。

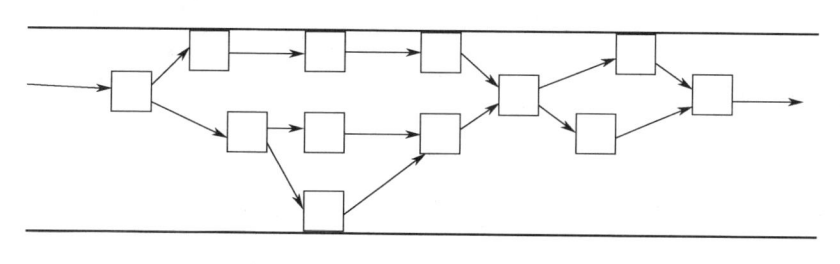

图 3-7　DAG 示意

2015 年 9 月，Sergio Demian Lerner 发表了 *DagCoin: a cryptocurrency without blocks* 一文，提出了 DAG-Chain 的概念，首次把 DAG 网络从区块打包的粗粒度提升到了基于单笔交易的层面，但 DagCoin 本身是一篇论文，没有代码实现。

DagCoin 的思路是让每一笔交易都直接参与维护全网的交易顺序。交易发起后，直接向全网广播，跳过打包区块阶段，达到所谓的 Blockless，这样省去了打包交易出块的时间。DAG 最初跟区块链的结合就是为了解决效率问题，现在不用打包确认，节省了打包出块的时间。

DAG 验证手段则依赖于后一笔交易对前一笔交易的验证，换句话说，你要想进行一笔交易，就必须要验证前面的交易，具体验证几个交易，根据不同的规则来进行。这种验证手段，使得 DAG 可以异步并发地写入很多交易，并最终构成一种拓扑的树状结构，在理论上，效率得到了质的飞跃。DAG 进一步演变成了完全抛弃区块链的一种解决方案，极大地提高了扩展性。

2016 年 7 月，基于 Bitcointalk 论坛公布的创世贴，IOTA 横空出世，这是第一次 DAG 网络真正的技术实现，号称无块之链（Block Less）的 DAG 技术已基本形成。IOTA 背后最主要的创新 Tangle（纠缠），是一个基于 DAG 全新设计的分布式账本结构，这是一个既没有块（Block）也没有链（Chain）的区块链。在 Tangle 中，每一个节点代表的是一个交易，没有区块的概念，也没有挖矿和矿工的概念，没有挖矿和矿工就代表没有交易费，整个网络的吞吐量（Throughput）也很高，这是 Tangle 最吸引人的地方。Tangle 示意如图 3-8 所示。

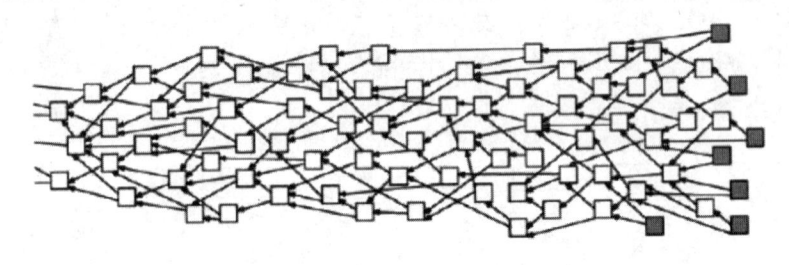

图 3-8 Tangle 示意

Tangle 的核心原则与区块链一致，依旧是一个分布式的数据库、P2P 的网络，以及使用共识算法来验证交易。Tangle 与传统区块链之间的主要区别，就是 Tangle 的数据结构和共识机制。

在 Tangle 里没有区块的概念，取而代之的是交易网络，每一个交易都会引用过去的两条交易记录的 Hash，这样前一个交易会证明过去两条交易的合法性，以及间接证明再之前的所有交易的合法性。这样，整个网络都参与了交易合法性的验证，而不像传统区块链，只有全网中的矿工（或 PoS 的权益所有人等）这样少量节点来验证交易合法性。因此，Tangle 的共识就是它自身内化特性，可以使它在没有交易费用的情况下进行规模化使用。Tangle 中不再有区块的概念，共识的最小单位是交易。

Tangle 另外一个强大之处，就是可以随意地让交易从网络中剥离出来或者合并回去。这种离线异步处理的能力在物联网领域应用中尤为重要。

综上所述，传统区块链和 DAG 的区别，主要有以下几点。

（1）单元：区块链组成单元是区块，DAG 组成单元是交易；

（2）结构：区块链是由 Block 区块组成的单链，只能按出块时间同步依次写入，像单核单线程 CPU；DAG 是由交易单元组成的网络，可以异步并发写入交易，像多核多线程 CPU；

（3）粒度：区块链每个区块单元记录多个用户的多笔交易，DAG 每个单元记录单个用户交易。

3.2.4 李嘉图合约：升级版的智能合约

目前区块链的智能合约是一种能让电脑看懂的合约，合约里的条文写成代码，会在区块链检测到特定条件下被触发，用于保证让参与方执行承诺。

但区块链上的智能合约存在的一个问题：在涉及交易双方意图等类型的问题时，仅靠代码本身是无法解决的。比如，有一份合约，转让某些 Token 以换取 100 美元，代码中的"dollar"也可能是新加坡元或者港元，计算机如何知道这里指定的 dollar 是美元，以及阅读合约的人如何知道 dollar 是美元？还有其他的情况，比如整个项目的背景情况、项目目标及成果、项目如融资失败将会怎么样，等等，这些情况都无法通过智能合约阐述清楚。这时候，就需要结合具有更多清晰定义的李嘉图合约，该合约能给智能合约的执行带来更多的准确性，以实现人类意图与机器执行更好地融合。

李嘉图合约（Ricardian Contracts）是一种特殊的结构化文本，目的是为了更明确智能合约参与方的意图，可以看作是智能合约的一个升级或是补充。李嘉图合约要保证人类和程序都可以读懂，出现任何情况都可以帮助澄清事实。

李嘉图合约最初是在 1996 年由一位名叫伊恩·格里格(Ian Grigg)的程序员和密码学家发明的，目的是为了方便在互联网上发行金融工具。

智能合约是机器可读的指令集，而李嘉图合约是指明智能合约所遵循的指令意图的文件，它的大体形式如图 3-9 所示。

```
TOKENNAME = XYZ
INFLATION = 5%
INITIALISSUE = 1,000,000,000

The Community hereby creates a currency known as
{{TOKENNAME}}, possession of which is evidence of a
contribution to the community. The quantity of
{{TOKENNAME}} shall increase no more than {{INFLATION}}
per year after the first {{INITIALISSUE}} of {{TOKENNAME}}
are distributed.
```

图 3-9 李嘉图合约示例

上述内容，更像对一份合约的说明。

李嘉图合约多由律师创建和编写，而智能合约多由程序员编写和创建。李嘉图合约对机器和人都是可读的，这种类型的合同将计算机语言与常规语言交织在一起。它有两个部分或两个目的。首先，这是两方或多方之间易于阅读的法律合同。你的律师可以轻松理解，甚至你可以阅读并理解合同的核心条款。其次，它也是机器可读的合同。在区块链平台上，这些合同可以轻松地进行哈希、签名，并可以保存在区块链中。

区块链平台上可以同时具有智能合约和李嘉图合约。李嘉图合约记录多方之间的协议，而智能合约执行协议中定义的任何行为。李嘉图合约可能包含的基本部分包括：

相关方：涉及多少方？签署此协议的各方是谁？谁是他们的代表？

时间期限：合同有效期是多少？是否适用于有限的时间或永久？它在时间方面有什么限制？

例外情况：例如，当一方死亡时会发生什么？或类似的例外。

智能合约和李嘉图合约的比较，如表 3-1 所示。

表 3-1 智能合约和李嘉图合约比较

	智能合约	李嘉图合约
目的	执行协议条款	将协议条款记录为法律文件
流程	在基于区块链的应用中自动运行	在基于区块链的应用中自动操作
合法性	不具有法律效力	具有法律效力
多功能性	不能是李嘉图合约	可以是智能合约
可读性	机器可读的，但不一定是人类可读的	可机读，可人读

李嘉图合约最初是为发行金融工具而发明的，但它已被证明广泛适用于各种行业。事实上，分布式分类账和智能合约的出现创造了一个新的经济环境，其中可能涉及广泛采用李嘉图合约的思想。

第四章

主要的区块链项目

4.1 比特币：最成功的区块链应用

全球数字货币总市值最高达到了 8000 多亿美金（2018 年 1 月），最多时有 2000 多种数字货币，其中比特币份额常年占比 50%以上。

区块链技术发展至今，已有 10 多年的历史了，区块链最知名、最成功的应用，无疑当属比特币。2008 年 11 月，中本聪发表了名为《比特币：一种点对点式的电子现金系统》（Bitcoin: A Peer-to-Peer Electronic Cash System）的论文，宣告了第一个数字货币——比特币的诞生。2009 年 1 月，中本聪写出代码实现了这种数字货币系统，创建了第一个比特币的区块——创世区块，并挖出 50 枚比特币，比特币从此登上了货币市场的舞台。

如今十年过去，比特币因为投资回报率高、流动性好等特点，获得了全球的关注。

在价格及市值方面：2010 年 5 月，一位美国程序员用一万个比特币换取了 2 个披萨，这是使用比特币购买实物的首次交易，折合市场价约 30 美元，也就是说比特币的初始价格为 0.003 美元，约等于人民币 1.9 分；2017 年 12 月，比特币达到最高价位 18 674 美元，价格相当于翻了 600 万倍以上。

2019 年 9 月初，比特币价格为 1 万美元左右，市值超过 1900 亿美元，约 1.3 万亿人民币，占全部 2500 多种加密货币总市值的 71%。比特币的价格走势如图 4-1 所示。

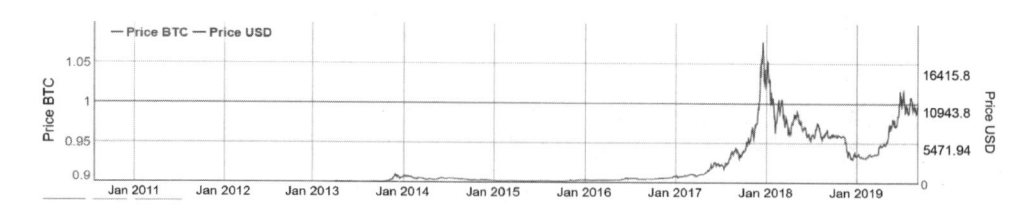

图 4-1 比特币价格走势

在技术成熟度及安全方面：比特币经过 11 年的发展，总体上没出过大的安全性问题，是数字货币中技术最成熟的一种，这也充分证明了比特币的安全性和可行性。比特币已成为众多数字货币、区块链应用项目的参考与锚定对象。

区块链是把加密数据（区块）按照时间顺序进行叠加（链）生成的永久、不可篡改的公开账本，解决了"拜占庭将军"和"双花"问题，从而实现去中心化和去信任化。鉴于区块链的众多优势，全球各大金融巨头均在积极布局区块链以应对机遇和挑战。同时，区块链开发难度大、开发技术壁垒高，平台化是其趋势之一。

4.2 以太坊：智能合约的开创者

比特币开创了去中心化数字货币的先河，10 多年的时间充分检验了区块链技术的可行性和安全性。然而比特币并不完美，其中的一项不足是协议的扩展性，例如，比特币网络里只有一种符号——比特币，用户无法自定义另外的符号，这些符号可以是代表公司的股票，或者是债务凭证等，这就损失了一些功能。另外，比特币协议里使用了一套基于堆栈的脚本语言，这种语言虽然具有一定的灵活性，使得像多重签名这样的功能得以实现，然而却不足以构建更高级的应用，比如去中心化交易所等。以太坊从设计上就是为了解决比特币扩展性不足的问题。

以太坊的目标就是提供一个带有内置的成熟的图灵完备语言的区块链，用这种语言可以创建合约来编码任意状态转换功能，用户只要简单地用几行代码来实现逻辑，就能够创建以上提及的所有系统，以及许多我们还想象不到的其他系统。它解决了区块链怎样应用于货币以外的领域这一痛点。

2013 年年末，游学归来的 Vitalik Buterin 有了些新想法。比特币出现的 5 年后，比特币爱好者正在全力以赴地为比特币增加更多的功能性，打造比特币 2.0。但 Buterin 认为，建立一个全新的编程语言才是比特币的当务之急。出于安全原因，比特币的开山鼻祖中本聪用了一种复杂的脚本语言编写了比特币协议，然而这种语言有意地限制了交易的复杂性，也导致了比特币一直没有开枝散叶，孵化出更多的应用。比特币协议自然是不能重写了，可如果是用一种通用的脚本语言，打造一款新的计算平台和新的加密货币呢？Buterin 很快写下了一篇白皮书——《以太坊：下一代智能合约和去中心化应用平台》，并在文中介绍了以太坊的概念（Ethereum）。

2014 年，Vitalik Buterin 在北美比特币大会上首次谈及以太坊，之后这个新概念就得到了大众广泛的关注。与此同时，区块链的概念开始独立成形，大家开始将区块链作为比特币、以太坊的底层技术，比特币和以太坊只是区块链技术的两个应用，未来区块链的应用可能会更多。2015 年，以太坊发布了以太坊的最初版本，2016 年年初，以太币的价格开始暴涨，以太坊的技术实力开始在市场上得到认可。

以太坊是一个全新开放的区块链平台，它允许任何人在平台中建立和使用区块链技术运行去中心化的应用。就像比特币一样，以太坊不受任何人控制，也不归任何人所有——他是一个开源代码项目，由全球范围内的很多人共同创建。和比特币协议有所不同的是，以太坊的设计十分灵活，任何人都可以安全地使用该平台上的应用。

2017 年 3 月，包括摩根大通、微软在内的 20 多家企业组成以太坊联盟（EEA），由于性能更优，很多企业探索应用时也大多使用以太坊底层开源代码。应该说，现有数字货币的集合中，以太坊位列第二。

随着以太坊的兴起，区块链逐渐引起 IT 业界的关注，并逐渐成为独立于比特币的一个平台架构，其重要性越来越受到重视。区块链 2.0 的概念也随之产生。其核心理念是把区块链作为一个可编程的分布式信用基础设施，支撑智能合约应用，以与过去比特币区块链作为一个虚拟货币支撑平台区别开来。具体说来就是，不仅仅把区块链作为一个去中心化的虚拟货币和支付平台，而是通过增加链上的扩展性功能，把区块链的技术范围扩展到支撑一个去中心化的市场，交易内容可以包括房产的契约、权益及债务凭证、知识产权，甚至汽车、艺术品等。

以太坊是可编程的区块链。它并不是给用户一系列预先设定好的操作（比如比特币交易），而是允许用户按照自己的意愿创建复杂的操作。这样一来，它就可以作为多种类型去中心化区块链应用的平台，包括加密货币在内但并不仅限于此。

以太坊狭义上是指一系列定义去中心化应用平台的协议，它的核心是以太坊虚拟机（EVM），可以执行任意复杂算法的编码。在计算机科学术语中，以太坊是"图灵完备的"。开发者能够使用现有的、以 Java 或 Python 等语言为模型的其他友好的编程语言，创建出以太坊模拟机上运行的应用。

以太坊主要的特色就是能够实现智能合约。所谓的"智能合约"是 20 世纪 90 年代由计算机科学家尼克·萨博（Nick Szabo）首次提出的，即以数字形式定义的一系列承诺（promises），包括合约参与方可以在上面执行这些承诺的协议，主要目的是将已有的合约法律法规及相关的商业实践转移到互联网上来，使得陌生人通过互联网就可以实现以前只能在线下进行的商业活动，并实现真正的完全的电子商务。

尼克·萨博和其他研究者希望借助密码学协议及其他数字化安全机制，实现逻辑清楚、检验容易、责任明确和追责简单的合约，这将极大地改进传统的合约制定和履行方式，并降低相关的成本，将所有的合约条款和操作置于计算机协议的掌控之下。但那时，还没有一种技术可以确保智能合约的条款即编程代码不被篡改。自从比特币出现之后，借由比特币背后的区块链技术，智能合约得到了不可篡改的保障，使得智能合约飞速发展。

区块链为智能合约提供可信执行环境，智能合约为区块链扩展应用。有许多研究机构已将区块链上的智能合约作为未来互联网合约的重要研究方向，很多智能合约项目已经初步得以实现，并吸引了大量的资金投入其中。

与比特币区块出块时间 10 分钟相比，以太坊区块间隔时间大约在 14 秒左右。这意味着，当你在比特币和以太坊中发起一笔交易，以太坊中的交易被记录入区块链中的速度快于比特币中交易被记录区块链中，也就是比特币写入数据库的时间平均为 10 分钟，而以太坊写入数据库的时间平均为 14 秒。

比特币网络事实上是一套分布式的数据库，而以太坊则更进一步，可以看作一台分布式的计算机：区块链是计算机的存储，智能合约是程序，而以太坊的矿工们则负责计算，担任中央处理器 CPU 的角色。这台计算机不是、也不可能是免费使用的，不然任何人都可以往里面存储各种垃圾信息和执行各种鸡毛蒜皮的计算，使用它至少需要支付计算费和存储费，还有其他一些费用。

2016 年 6 月，以太坊上的一个去中心化自治组织 The DAO 被黑客攻击，市值五千万美元的以太币被转移。由于原有程序不允许黑客立即提取，"是否修改程序、找回损失"考验着以太坊团队。同年 7 月 20 日，以太坊进行硬分叉，所有的以太币（包括被移动的）回归原处，名称仍为原来的 ETH，而不接受此改变的区块链变成了

以太坊经典（Ethereum Classic，ETC）

4.3 超级账本：联盟链的王者

区块链技术早期就被认为非常适合金融领域，但相对于区块链公开透明、不受控制、通过加密来保证信息安全等特征来说，金融机构对于受控的私有区块链更感兴趣。2015 年年中，Vitalik Buterin 对区块链概念进行分类，按照实体是否能作为验证节点接入区块链平台，将区块链分为三类：公有区块链（Public blockchains）、共同体区块链或联盟链（Consortium blockchains）、完全私有区块链（Fully private blockchains）。

其中联盟链和私有链，因为实体需要通过权限许可才能作为验证节点接入，统称为许可型区块链，简称许可链；公有区块链，实体可以自由加入验证节点，无须被许可，又称为非许可型区块链，简称非许可链。

2015 年 12 月，Linux 基金会发起了推进区块链技术的名为超级账本（Hyperledger）的开源项目。超级账本（Hyperledger）是首个面向企业应用场景的开源分布式账本平台（超级账本联盟如图 4-2 所示），项目的目标是创建一个跨行业的企业级的、开源的、分布式账本框架和代码库，允许企业创建自定义的分布式账本解决方案，以促进区块链技术在商业当中的应用。

图 4-2 超级账本联盟

对于超级账本 Hyperledger，官方网站上的描述是：
（1）创建企业级的、开源的、分布式账本框架和代码库，以支持商业应用；
（2）通过对技术和业务的规范与梳理，为市场提供一个中立的、开放的和社区驱动的基础设施；

(3) 创建技术社区，开发区块链和共享账本的概念验证（POC）、应用案例、现场试验和部署方案；

(4) 教育公众，推广社区，为区块链技术争取更多的市场机会。

总结起来可以理解为：超级账本的目标是发展一个跨行业的开放式标准，以及开源代码开发库，允许企业创建自定义的分布式账本解决方案，以促进区块链技术在商业中的应用。

截至 2019 年 7 月底，Hyperledger 成员已达到 280 多家，包括 IBM、Intel、JP 摩根、微软、三星等国外巨头，以及百度、腾讯、阿里、京东、华为、联想等国内知名公司，中国信通院等国家部署科研单位，招商银行、中信银行、民生银行等商业银行。

截至 2019 年 7 月底，Hyperledger 共有 14 个子项目，其中 Fabric、Indy、Iroha、Sawtooth 四个项目处于活跃期，已正式对外发布；其余 10 个还处于孵化期。其中 Fabric 是目前应用最广泛的区块链联盟链技术框架。超级账本包含的所有子项目如图 4-3 所示。

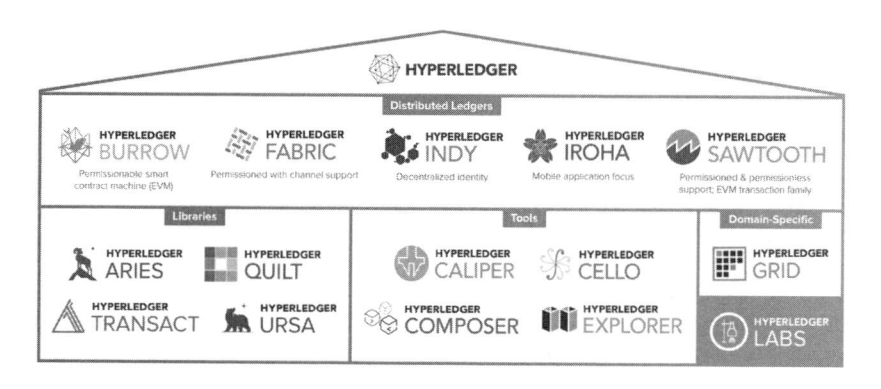

图 4-3 超级账本包含的所有子项目

Hyperledger 的全部子项目共分为以下四大类。

(1) 分布式账本框架类项目。

① Fabric，是目前应用最广泛、也是首个面向联盟链场景的开源项目，是面向

企业的分布式账本平台。Fabric 创新地引入了权限管理，在设计上指出了可扩展、可插拔等理念，主要由 IBM 等主导。

② Sawtooth，高度模块化的分布式账本平台，主要由英特尔主导，采用一种新的称为消逝时间证明（PoET）的共识机制，支持许可链和非许可链两种方式的部署。

③ Iroha，是一个轻量级分布式账本，带有面向 Web 和 Mobile 的特性和功能，主要由 Soramitsu 开发。

④ Indy，为去中心化身份而构建的分布式账本，提供了工具、程序库和可重复使用的组件，用于提供基于区块链或者其他分布式账本的数字身份，由 Sovrin 基金会发起。

⑤ Burrow，提供以太坊虚拟机的支持，实现支持高效交易的带权限的区块链平台，主要由 Monax 公司主导，首次提供了模块化的、带有智能合约解释器的区块链客户端。

(2) 库类项目。

① URSA，是一个模块化的加密软件库。包括两个较小的库，第一个包含简单、标准化的模块化加密算法，第二个包含更具特色的加密算法。

② ARIES，一种为了安全通信构建的可互操作和可验证凭证的方法；基于 Aries 的登录框架，可以掌控自己的私钥，确保自己不被随便监控到；已被用于建立政府的身份认证项目。

③ Quilt，是 Interledger Protocol（ILP）协议的 Java 实现，ILP 定义了分布式账本与分布式账本之间、传统账本与分布式账本之间的交互过程；主要由日本 NTT Data 主导。

④ Transact，是一个虚拟机，目标是打造一个可扩展事务层，用 Transact 编译一次得到的代码，可以在任何支持 Transact 的区块链上运行。Transact 由英特尔和 IBM 共同主导。

(3) 工具类项目。

① Caliper，一个区块链基准测试工具，可以不间断地跟踪不同区块链的性能特性。初始版本可以实现测试每秒交易数（TPS）、延迟和资源利用率等，由华为主导。

② Explorer：一个区块链浏览器，可以实现查看、调用、部署等功能，比如查询区块、交易处理速度和相关数据、网络信息、链码等，以及其他保存在区块链上的相关信息。

③ Cello：一个区块链管理工具集，相当于操作系统，实现区块链的配置，可帮助人们以更有效的方式使用和管理区块链。

④ Composer，一个协同工具，可以让用户能更加便捷和快速地构建区块链商业网络，包括可以快速部署智能合约等。

（4）面向特定领域的项目。

Grid，一个用于创建供应链项目的框架，旨在通过区块链技术简化供应链。它是一个包含技术、框架和协作库的生态系统，由 Cargill、英特尔和 Bitwise IO 资助。

超级账本各子项目的排布如图 4-4 所示。

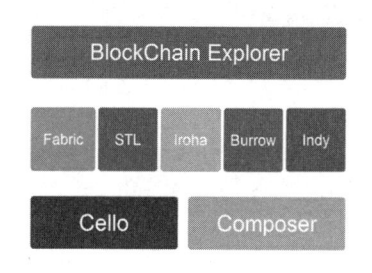

图 4-4 超级账本各子项目排布

4.4 Libra：数字世界的全球货币

2019 年 6 月 18 日，Facebook 发布 Libra（天秤币）白皮书，介绍了要打造一个新的去中心化区块链、一种低波动性加密货币和一个智能合约平台的计划；提出 Libra 的使命是建立一套简单的、无国界的货币，以及为全球数十亿人服务的金融基础设施。Libra 介绍说明如图 4-5 所示。

具体来说，Libra 主要有以下三个特征。

(1)区块链技术。Libra 建立在安全、可扩展和可靠的区块链基础上；

(2)价值稳定。Libra 以资产储备为后盾，可保持价值稳定；

(3)独立治理。Libra 由独立的 Libra 协会治理，该协会的任务是促进其金融生态系统的发展。

图 4-5 Libra 介绍说明

在区块链技术方面，Libra 希望实现分布式管理，确保网络不受单一实体控制。其最终目标是成为非许可型网络，但鉴于目前非许可型网络的性能还不足以满足数十亿用户的交易需求，计划从许可型网络开始，即 Libra 以联盟链的形式开始实施。Libra 区块链主要有以下几点独特之处。

设计和使用 Move 编程语言。Move 是 Facebook 从迄今为止发生的与智能合相关的安全事件中吸取经验而创造的一种编程语言，可以更便捷地编写符合作者意图的代码，从而降低了出现意外漏洞或安全事件的风险。具体而言：① Move 从设计上可防止数字资产被复制。它使得数字资产与物理真实资产可以具有相同属性：每个资源只有唯一的所有者，资源只能花费一次，并限制创建新资源；② Move 便于自动验证交易是否满足特定属性，以确保 Libra 区块链的安全性；③ Move 降低了关键交易代码的开发难度，可以可靠地执行 Libra 生态系统的管理政策，例如对 Libra 货币和验证节点网络的管理等。

采用基于 LibraBFT 共识协议的 BFT 机制，共识机制旨在确保各分布式节点对于将要执行的交易及其执行顺序达成一致，即使三分之一验证节点被破坏或出现故障，BFT 共识机制也可以确保网络正常运行。

采用默克尔树的数据存储结构，确保所存储的交易数据的安全。默克尔树是在区块链（如比特币）中广泛使用的数据结构，可以快速检测现有数据的任何变化。

在货币特征方面，Libra 将发布一种数字加密货币，与目前多数加密货币不同，Libra 完全由真实资产储备提供支持，对于每个新创建的 Libra 加密货币，在 Libra 储备中都有相对应的一篮子银行存款和短期政府债券，以此建立人们对其内在价值的信任。也就是说 Libra 会锚定多国法币，相关机制与国际货币基金组织（IMF）的特别提款权（SDR）类似，Libra 相当于一种稳定币，需要与这些法币进行兑换才能换取 Libra，可以快速转账，通过加密保证安全性，以及能轻松自由地跨境转移资金。但目前还尚未确定 Libra 锚定的法币种类和具体数量。

在组织架构方面，虽然 Libra 加密货币是由 Facebook 发起的，但是其发行管理由总部设在瑞士日内瓦的一个非营利性的、去中心化的 Libra 协会实施，协会旨在协调和提供网络与资产储备的管理框架。

目前 Libra 协会包含 28 个成员，覆盖支付、电信、区块链等多个行业，计划于 2020 年 Lirba 正式发行时协会创始成员数将达到 100 个左右。Facebook 创立了受监管的子公司 Calibra，以确保社交数据与金融数据相互分离，同时代表 Facebook 在 Libra 网络中进行运营和管理。

目前，Libra 协会成员（如图 4-6 所示）包括：

（1）支付服务商：Mastercard, PayPal, PayU（纳斯达克旗下子公司）, Stripe, Visa。

（2）技术和交易平台：Booking Holdings（酒店旅游预订平台），eBay, Facebook/Calibra（FB 旗下子公司），Farfetch（电商平台），Lyft, MercadoPago（南美电商平台），SpotifyAB, Uber Technologies, Inc.。

（3）电信业：Iliad, Vodafone Group。

（4）区块链业：Anchorage, Bison Trails, Coinbase, Inc., Xapo Holdings Limited。

（5）风险投资：Andreessen Horowitz, Breakthrough Initiatives, Ribbit Capital, Thrive Capital, Union Square Ventures。

（6）非营利组织、多边组织和学术机构：Creative Destruction Lab，Kiva，Mercy Corps，Women's WorldBanking。

图 4-6　Libra 协会成员

这些首批参与 Libra 协会章程拟定的企业均被称作"创始人"，要求有 1000 万美元的准入资金，作为 Libra 的起始储备金。相应地，这些企业也会拿到等值的 Libra 币供他们分配，而普通 Libra 用户获取 Libra 的方法很简单，就像买游戏币一样，以一个稳定价格找授权经销商买下来。储备金将投资于低风险资产，产生的投资收益将用于支付系统的成本、确保低交易费用、分红给生态系统启动初期的创始人，而普通 Libra 用户不会获得储备资产的利息回报。

Libra 协会成员享有同等的权利和义务，单个创始人投票权设了上限。Libra 协会由其成员组成的理事会来治理，职责包括确保验证节点满足交易需求、发行 Libra 并且管理储备资产。协会所有决策都将通过理事会做出，重大政策或技术性决策需要三分之二的成员投票表决同意。为了防止投票权集中掌握在一方之手，无论成员持有多少 Libra，包括 Facebook 在内的单个创始人只能代表理事会中的 1 票或总票数的 1%。

根据 2019 年一季度财报，Facebook 的月活用户数为 23.8 亿，日活用户数为 15.6 亿，相当于每月全球人口的三分之一、每天全球人口的五分之一都会使用 Facebook。庞大的用户数及合作伙伴，使得 Libra 的应用场景非常广阔，这些用户在最大的社交平台的社交、游戏、电商及线下服务，都可以通过 Libra 计价支付。

这些企业组成联盟，除 Facebook 外，还包括 Booking、eBay、Uber、Lyft 等这些拥有高频支付场景的公司，可见 Libra 的使用场景将非常丰富，影响力也将很大。

合作伙伴可以基于这些分布式节点，结合自己企业的服务开发新功能，比如电商平台 ebay 可以支持 Libra 付款购物，打车软件 Uber 和 Lyft 支持 Libra 付款乘车等。

从这些企业涵盖人们的日常生活开始，可以让 Libra 渐渐地流通起来。

根据世界银行 Findex 的报告，全球仍有 17 亿人没有银行账户，原因包括没有足够资金、高昂且难以预测的费用、缺乏必要手续材料等。不仅如此，现代金融服务有一些额外成本和不方便的地方：一种是在现有金融服务里，机构收取的费用，如贷款时的服务费等，还有一种是国际贸易时涉及外汇时的种种烦琐的流程等。

以当前传统金融服务中的跨境交易为例，其费率更高、效率更低。世界银行的数据显示，2017 年全球跨境支付的资金总规模高达 6130 亿美元，平均一笔是 7%的手续费，仅手续费就超过 400 亿美金。而 Libra 由于使用基于区块链的技术、分布式统一账本，免去了各国各银行子账本之间的管理，因而有望降低成本，为广大客户提供低价服务；同时从效率上来看，相比 SWIFT 系统隔天到账的效率，Libra 可以大幅提升跨境汇款的清算结算效率，实现即时到账。

Libra 一经推出就被广泛关注，主要有以下几点原因。

（1）政府方面：Libra 有可能冲击现有的货币体系。

① Libra 或替代部分国家主权货币。中小国家的经济体量相对有限，其所发行的信用货币质量远不及 Libra，且 Libra 抢先于当地政府构建起完善的金融基础设施，可使该国主权货币逐渐被挤出。

② 各国外汇管制难度增大。Libra 为各国民众提供了间接换汇渠道（如人民币—Libra—美元），且区块链技术应用使 Libra 具有匿名、点对点交易的特性，这对各国的外汇管制提出了新的挑战。

③ 增加反洗钱和反恐的难度。数字货币信息隐蔽、交易便捷、流通广泛，常被犯罪分子用来实施敲诈或洗钱。Libra 虽然可以记录详细交易信息，但是可能其中存在一些监管漏洞或被违法者利用。

(2) 货币方面：助推美元的影响力，减弱人民币等其他货币的影响。

部分商品可能用 Libra 进行定价，极端情况下部分小国货币被完全取代。

尽管 Libra 将会以一篮子货币作为资产抵押，支撑 Libra 价值，但 Libra 协会尚未披露具体的抵押货币及其权重，预计可能美元比例较大，人民币可能不在其中或份额很小。

若 Libra 在全球范围内广泛流通，各国央行将会储备抵押货币，以应对 Libra 兑换需求带来的汇率冲击。换言之，一旦人民币未纳入 Libra 抵押货币，各国央行的人民币储备需求将减少，人民币国际化将受阻。

(3) 银行方面：跨境支付业务可能受影响。

Libra 的主要应用之一就是跨境支付，这将冲击传统商业银行的跨境支付业务。目前传统跨境结算和支付需要主要通过 SWIFT 网络，时间较长，约 1~5 天；费用较高，包含银行汇款手续费（中国银行为 1‰）和 SWIFT 电讯费（中国银行 150 元）。而通过 Libra 区块链网络，可以更快速、更低价地完成跨境支付。

(4) 移动支付方面：支付宝、微信支付等可能受影响。

Libra 以支付入手打造全球的金融服务平台，Facebook 拥有巨大客户量，拥有自身生态产业及重点合作伙伴，对银行信用卡、Pos 机、移动支付都会有一定的影响。

Libra 和微信、支付宝们的区别：微信或支付宝使用的仍是原有货币单位，支付整个流程需要后端第三方银行账户的参与，即用户需要先把法币存到银行账户上，支付宝和微信只是其中法币流通的一个环节；而 Libra 是收取用户的现金和有价证券作抵押，再进行"数字货币发行"。数字货币一旦能够单独产生，便会拥有生命力，成为独立的货币单位，支付过程无须第三方银行的参与，拥有匿名性和保密性，因此 Libra 的金融属性和便捷性要高于目前的移动支付，但在法律和监管上可能会面临巨大的挑战。

基于上述这些原因，各国监管层和国际组织普遍对 Libra 持有中性谨慎的态度，部分国家或严格禁入 Libra。但随着数字货币的发展，Libra 大概率会成为一种逐渐被大众接受的稳定币，成为区块链技术应用的标志性转折点。

第五章

区块链相关参与方动态

5.1 国家机构：通过区块链实现监管

5.1.1 央行：推进数字货币研发

中国人民银行即央行，在 2014 年已成立发行法定数字货币的专门研究小组，论证央行发行法定数字货币的可行性。2017 年，中国人民银行数字货币研究所正式成立，开展数字货币研究，姚前担任首任所长。此后，该研究所在各地积极布局研发机构。2018 年 6 月，深圳金融科技有限公司成立，该企业由中国人民银行数字货币研究所 100%控股（深圳金融科技研究院是经央行批准的，由数字货币研究所在深圳设立的研究机构和企业化运营主体）。2018 年 9 月，"南京金融科技研究创新中心"和"中国人民银行数字货币研究所（南京）应用示范基地"正式揭牌成立。截至 2019 年 8 月 4 日，央行数字货币研究所共申请了涉及数字货币的 74 项专利。2019 年 9 月，原央行支付结算司副司长穆长春担任央行数字货币研究所所长。

2019 年 6 月，Facebook 发布 Libra 白皮书，宣布进行数字货币 Libra 的研发，计划在 2020 年推出自己的数字货币。Libra 最终可能会增强美元的主导地位，并削弱中国的资本管制。这一事件对央行及中国科技金融等产业影响很大。

2019 年 8 月 2 日，央行召开 2019 年下半年工作电视会议，会议要求加快推进我国法定数字货币 DC/EP (DC 即 DigitalCurrency，数字货币；EP 即 ElectronicPayment，电子支付)研发步伐，跟踪研究国内外虚拟货币发展趋势，继续加强互联网金融风险整治。

2019 年 8 月 10 日，央行支付结算司副司长穆长春在中国金融四十人伊春论坛上表示，2014 年至今，央行数字货币 DC/EP 的研究已经进行了五年，现在"呼之欲出"，保持技术中性，不预设技术路线，将采用双层（央行与商业银行）运营体系。央行的数字货币在中国定义在 M0 层面，是现金一定程度上的替代。央行货币的数字化有助于优化央行货币支付功能，提高央行货币地位和货币政策有效性。央行数字货币可以成为一种计息资产，满足持有者对安全资产的储备需求，也可以成为新的货币政策工具，央行可通过调整央行数字货币利率影响银行贷款利率。

我国法定数字货币的英文简称为 DC/EP，是由时任央行行长的周小川于 2018 年

3月在十三届全国人大一次会议"金融改革与发展"主题记者会上首次提出的。他阐述道，央行研发的法定数字货币的名字是"DC/EP"（DC，Digital Currency，数字货币；EP，Electronic Payment，电子支付）。这一称呼相较于央行官员此前提出的对所有央行数字货币的泛指——CBDC（Central Bank Digital Currency）更聚焦于支付，这在某种程度上意味着央行数字货币的主要用途在于货币三大基础职能中的"支付手段"，而非"价值储藏"与"价值尺度"。

DC/EP采取的是双层运营体系，即先把数字货币兑换给银行或其他运营机构，再由这些机构兑换给公众。此外，穆长春表示，现阶段的央行数字货币设计注重M0替代，而不是M1、M2替代。现有的M0（纸钞和硬币）容易匿名伪造，存在用于洗钱、恐怖融资等的风险。

2019年8月18日，中共中央、国务院印发了《关于支持深圳建设中国特色社会主义先行示范区的意见》，其中明确表示"支持在深圳开展数字货币研究与移动支付等创新应用"。

央行前行长周小川、央行数字货币研究所前所长姚前、人民银行研究局兼货币金银局局长王信等央行官员在任时也曾就央行数字货币多次发声，这些表态彰显了法定数字货币的重要性。例如，央行数字货币研究所前所长姚前在任时曾提出，"如果说金融是现代经济的核心，是实体经济的血脉，货币则是经济核心的核心，是流通在经济血脉里的血液，而法定数字货币堪称金融科技皇冠上的明珠，对未来金融体系发展影响巨大"。

表5-1 央行关于区块链的若干举措

时 间	机 构	事 件
2014	央行	成立发行法定数字货币专门研究小组，论证央行发行法定数字货币的可行性。
2015	央行	发布发行数字货币的系列研究报告，并完成发行法定数字货币原型的两轮修订。
2016.1	央行	召开数字货币研讨会，进一步明确了央行发行数字货币的战略目标，确定将要发行法定数字货币。
2016.11	央行	确定使用数字票据交易平台作为法定数字货币的试点应用场景，并启动了数字票据交易平台的封闭开发工作。
2016.11	央行	公布直属单位2017年度工作人员招聘公告，其中六个岗位是央行数字货币研究所储备技术人才。

第五章 区块链相关参与方动态

(续表)

时间	机构	事件
2017.2	央行数字货币研究所	根据央行的安排部署,上海票据交易所会同数字货币研究所,组织中钞信用卡公司、工商银行、中国银行、浦发银行和杭州银行共同开展基于区块链技术的数字票据交易平台建设相关工作。2018年2月,上海票据交易所数字票据交易平台实验性生产系统成功上线试运行。
2017.6	央行数字货币研究所	在北京德胜国际中心C座9楼正式挂牌成立。依据招聘信息,数字研究所主要的研究内容包括数字货币法律研究、区块链开发、芯片设计等。
2018.3	央行	召开2018年全国货币金银工作电视电话会议,会议称央行货币金银部门稳步推进了央行数字货币研发,2018年要扎实推进央行数字货币研发。
2018.6	央行数字货币研究所	全资控股的深圳金融科技有限公司成立,其经营范围为"金融科技相关技术开发、技术咨询、技术转让、技术服务;金融科技相关系统建设与运行维护"。
2018.9	中国央行数字货币研究所(南京)应用示范基地	正式揭牌成立。该中心由南京市人民政府、南京大学、江苏银行、中国央行南京分行、中国央行数字货币研究所合作共建。
2018.9.12	央行数字货币研究所	《法定数字货币模型与参考架构设计》项目在银行科技发展奖评审领导小组会议上获得一等奖
2019.8	央行	召开2019年下半年工作电视会议,会议要求加快推进我国法定数字货币(DC/EP)研发步伐,跟踪研究国内外虚拟货币发展趋势,继续加强互联网金融风险整治。

时间	人物	事件
2016.2	央行行长周小川	提出数字货币作为法定货币必须由央行来发行,区块链是可选的技术。
2016.9	央行科技司司长兼中国央行数字货币研究所筹备组组长姚前	在《中国金融》发表《中国法定数字货币原型构想》,提出中国法定数字货币的产生、流通、清点核对及消亡全过程登记可参考区块链技术建立集中/分布相对均衡的簿记登记中心。
2017.5	央行科技司副司长、央行数字货币研究所所长姚前	在《清华金融评论》2017年5月刊发表《数字货币与银行账户》,介绍了一个关于数字货币的双层框架。
2017.11	央行科技司副司长、央行数字货币研究所所长姚前	在第二届"数字金融的中国时代"年会上提出,"加快推进法定数字货币研发,对助推数字经济发展意义重大。"
2018.1	央行副行长范一飞	发表《关于央行数字货币的几点考虑》。
2018.3	央行科技司副司长、央行数字货币研究所所长姚前	发表《央行数字货币的技术考量》。
2018.3	央行行长周小川	提出央行数字货币研究所正和业界共同组织分布式研发,依靠和市场共同合作的方式研发数字货币。
2018.7	央行科技司副司长、央行数字货币研究所所长姚前	在联合国国际电信联盟(ITU)法定数字货币焦点组+C9第二次会议上发表了关于中国央行数字货币的双层架构的主题演讲。
2018.9	央行数字货币研究所规划部负责人彭枫	在2018夏季达沃斯之夜上提出,法定数字货币和区块链没有技术上必然联系,只是可选技术之一。

117

（续表）

时间	人物	事件
2018	央行科技司副司长、央行数字货币研究所所长姚前	在《软件学报》发表《中央银行数字货币原型系统实验研究》，提出"数字货币的出现被视为货币形态的又一次重大革命，有望成为数字经济时代的主流通货和重要金融基础设施.中央银行推动发行央行数字货币（central bank digital currency，简称 CBDC）势在必行"。
2018.10	央行科技司副司长、央行数字货币研究所所长姚前	出任中证登总经理。
2019.7	央行研究局兼货币金银局局长王信	在数字金融开放研究计划启动仪式暨首届学术研讨会上提出，"央行数字货币在中国被定义为 M0，是现金一定程度上的代替，所以这项工作（注：指研发数字货币）也落到了我们货币金银局。"

根据央行近期的表态、穆长春所长的讲话，以及原所长姚前发表的文章，综合来看，可以得出我国数字货币有以下几个要点。

（1）央行层面保持技术中性，不预设技术路线，多家运营机构做研发。

央行法定数字货币是 M0 替代，如果要达到零售级别，高并发是绕不过去的一个问题。目前比特币是每秒 7 笔，以太币是每秒 10 笔到 20 笔，Libra 是每秒 1000 笔；而 2018 年双十一，网联的交易峰值达到每秒 92771 笔。所以在中国这样一个大国发行数字货币，采用纯区块链架构无法实现零售所要求的高并发性能。最后央行层面决定将保持技术中性，不预设技术路线，也就是说不一定依赖某一种技术路线。

目前央行采用的是一个赛马机制，指定几家运营机构采取不同的技术路线推进 DC/EP 的研发，谁的路线好，谁最终会被老百姓认可、被市场接受，谁就会跑赢比赛，从技术及市场竞争中胜出，被央行最终认可。

（2）采取双层运营体系，先把数字货币兑换给银行等机构。

DC/EP 采取的是双层运营体系。单层运营体系是人民银行直接对公众发行数字货币。而人民银行先把数字货币兑换给银行或其他运营机构，再由这些机构兑换给公众，这就属于双层运营体系。

原数字货币研究所所长姚前，曾在 2018 年初发表文章《中央银行数字货币原型系统实验研究》，其中提及法定数字货币二元模式运行架构，可以被看成是央行对数字货币的初步构想，如图 5-1 所示。

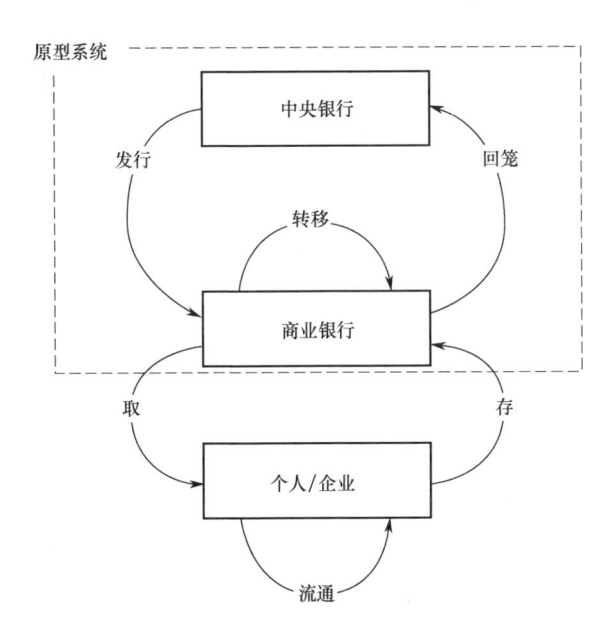

图 5-1 姚前：法定数字货币二元模式运行架构

另外，人民银行决定采取双层架构，也是为了充分发挥商业机构的资源、人才和技术优势，促进创新，竞争选优。商业机构IT基础设施和服务体系比较成熟，系统的处理能力也比较强，在金融科技运用方面积累了一定的经验，人才储备也比较充分。

以工商银行为例，已在总部层面构建了"一部、三中心、一公司、一研究院"的金融科技新格局，包括金融科技部、业务研发中心、数据中心、软件开发中心、工银科技公司、金融科技研究院等。

中央银行和商业银行等机构可以进行密切合作，不预设技术路线，充分调动市场力量，通过竞争实现系统优化，共同开发、共同运行。

（3）坚持中心化的管理模式。

数字加密资产，主要特征之一就是去中心化，但央行DC/EP要坚持中心化的管理模式。

第一，央行数字货币仍然是中央银行对社会公众的负债。这种债权债务关系并没有随着货币形态变化而改变。因此，仍然要保证央行在投放过程中的中心地位。

第二，为了保证并加强央行的宏观审慎和货币调控职能，需要继续坚持中心化的管理模式。

第三，央行可能会指定运营机构来进行货币的兑换，需要进行中心化的管理，避免指定运营机构货币超发。

最后，在整个货币兑换过程中，没有改变二元账户体系，所以应该保持原有的货币政策传导方式，这也需要保持央行中心管理的地位。

(4) 需要身份认证。

数字货币的用户身份认证可能采用"前台自愿、后台实名"的原则，既保证用户隐私，又规避非法交易的风险。

央行数字货币既可以像现金一样易于流通，有利于人民币的流通和国际化，同时在个人之间交易时可以实现可控的匿名，个人与银行交易需要实名。央行在保证交易双方是匿名的同时保证三反（反洗钱、反恐怖融资、反逃税），这两个之间要取得一个平衡。

(5) 现阶段央行数字货币设计注重 M0 替代。

现阶段的央行数字货币设计，注重 M0 替代，而不是 M1、M2 替代。这是因为 M1、M2 现在已经实现了电子化、数字化。因为它本来就是基于现有的商业银行账户体系，所以没有再用数字货币进行数字化的必要。

相比之下，现有的 M0（纸钞和硬币）容易匿名伪造，存在用于洗钱、恐怖融资等的风险。另外电子支付工具，比如银行卡和互联网支付，基于现有银行账户紧耦合的模式，公众对匿名支付的需求又不能完全满足。所以电子支付工具无法完全替代 M0。特别是在账户服务和通信网络覆盖不佳的地区，民众对于现钞依赖程度还是比较高的。所以央行对于 DC/EP 的设计，保持了现钞的属性和主要特征，也满足了便携和匿名的需求，是替代现钞比较好的工具。

(6) 可以加载有利于货币职能的智能合约。

央行数字货币依然是具有无限法偿特性的货币，是对 M0 的替代。它所具有的货币职能（交易媒介、价值储藏、计账单位）决定其如果加载了超出其货币职能的智能合约，就会使其退化成有价票证，降低可使用程度，会对人民币国际化产生不利影响。因此，央行数字货币允许加载有利于货币职能的智能合约，但对于超过货币职能的智能合约还是会保持比较审慎的态度。

央行出台的数字货币，呈现出的形态可能是，消费者和企业将在移动手机上下载一个数字钱包，并将他们在商业银行账户中的数字现金载入该数字钱包中。然后，他们就可以像使用现金一样，与任何拥有这种数字钱包的人进行这种数字货币的支付和接收。

5.1.2 工信部：三大研究院推进区块链研究

2018 年 5 月，在中国科学院和中国工程院两院大会上，习近平总书记指出："以人工智能、量子信息、移动通信、物联网、区块链为代表的新一代信息技术加速突破应用……世界正在进入以信息产业为主导的经济发展时期。"这是"区块链"第一次出现在国家最高领导人的讲话中，站在国家战略的角度，阐明了区块链技术对中国科技发展的重要作用；肯定了区块链技术是新一代信息技术的发展方向，是科技强国战略的重要组成，标志着"区块链中国共识"的正式达成。

2019 年 10 月 24 日，中共中央政治局就区块链技术发展现状和趋势进行第十八次集体学习。浙江大学教授、中国工程院院士陈纯做了关于区块链的报告，中共中央总书记习近平用了"18 个要"强调，"把区块链作为核心技术自主创新的重要突破口"，"加快推动区块链技术和产业创新发展"等。中央政治局这次集体学习专门强调"区块链"，将其重要性提高到前所未有的高度，极大地推动了中国乃至全球的区块链的发展及应用。

工信部承担我国拟订实施行业规划、产业政策、标准，以及指导推进信息化建设等职责，积极推进区块链的发展及应用。

2019 年 6 月 25 日，工信部印发《工业互联网专项工作组 2019 年工作计划》，强调应培育新模式新业态，加强军工工业互联网发展顶层设计，促进大数据、物联网、区块链等新一代信息技术在军工领域应用。

工信部推动区块链在军工领域推广与应用，说明国家部委对区块链持相当肯定的态度。

2019年9月4日，工信部发布了《工业大数据发展指导意见(征求意见稿)》，鼓励企业、研究机构等主体积极参与区块链、安全多方计算等数据流通关键技术攻关和测试验证，降低工业大数据流通的风险。2019年11月7日，工信部信息化和软件服务业司在北京组织召开区块链标准化工作座谈会。国家市场监督管理总局标准技术管理司，以及部分标准化机构、骨干企业、用户单位代表和行业专家参加会议。本次会议对于加快推动区块链标准化工作，建立标准体系组织等开展广泛研讨。后续，工信部信息化和软件服务业司将联合有关部门，加强区块链标准化研究，加快关键急需标准的研制和应用，同时积极对接国际标准组织，提升国际话语权和规则制定权。

工信部信软司：四方面推进区块链相关工作。

2019年4月9日，区块链技术与数据治理高峰论坛在北京举办，工信部信息化和软件服务业司巡视员李颖致辞表示，高度重视区块链的产业能力培育和应用落地，后续重点工作包括：一是深入研究把握区块链技术和产业发展趋势；二是加强区块链核心技术能力建设；三是建立健全区块链标准体系；四是重点推动区块链在工业互联网平台的创新应用。

中国区块链企业已达672家，产业规模超过10亿元。

2019年5月28日，在"区块链创新技术高峰论坛暨思源区块链战略发布会"的论坛上，中国区块链生态联盟副理事长、工信部信软司系统安全处原处长王宏指出，截至2018年12月，中国提供区块链专业技术支持、产品、解决方案等服务，且有投入或产出的区块链企业共672家。区块链产业规模约10亿元，区块链相关产品交易、教育等衍生产业的规模约为40亿元。

在2018年10月召开的"一带一路"媒体合作论坛中，工信部总经济师王新哲接受采访时表示说："工信部将建立健全骨干企业、高等院校、研究机构之间的协同推进机制，支持开展区块链领域的创业创新。特别是鼓励区块链企业与用户单位开展跨界融合，推动建立公共服务平台，支持第三方机构开展区块链服务评估检测。"

第五章 区块链相关参与方动态

图 5-2 王宏在"2019 区块链创新技术高峰论坛"上致辞

中国信息通信研究院

中国信息通信研究院（简称"中国信通院"）始建于 1957 年，是工业和信息化部直属科研事业单位。

中国信息通信研究院在 2018 年 4 月联合 158 家企业（百度、阿里、腾讯、京东金融、微软、Intel、SAP、中国电信、中国移动、中国联通、华为、中兴等）牵头启动"可信区块链推进计划"（简称"可信区块链"）。可信区块链的宗旨是推动区块链基础核心技术研究和行业应用落地，加快可信区块链标准的更新迭代，支撑政府决策，促进区块链行业良性健康发展，提升我国区块链国际影响力。

成员单位分为副理事长单位、理事单位、全权单位和普通单位四类。截至 2019 年 8 月底，可信区块链拥有 17 个项目组，339 家成员单位，覆盖溯源、保险、金融、电信、司法存证、财政票据、数字身份等行业或领域。其中各项目组是可信区块链开展技术标准、行业生态和监管政策研究工作的基本组织，负责组织会员就专门议题开展研讨，推进相关工作。可信区块链推进计划的项目组如图 5-3 所示。

截至 2019 年 8 月，可信区块链的主要工作成果包括 10 个白皮书、9 个行业标准、7 个团体标准、2 个国际标准等。

123

区块链的核心功能及全参与方

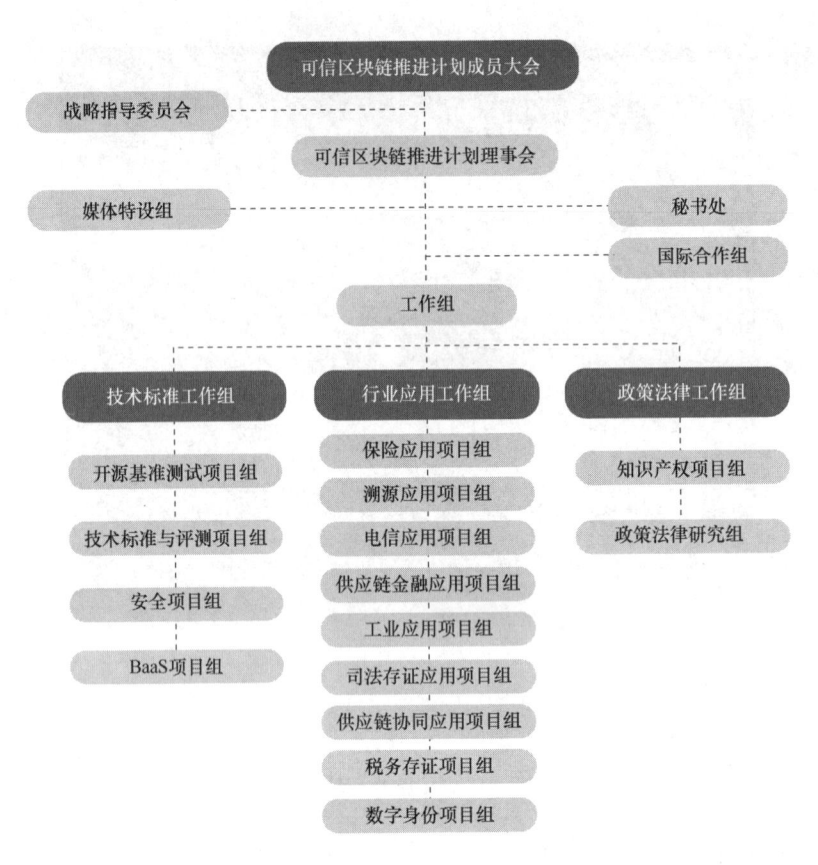

图 5-3 可信区块链推进计划的项目组

10 个白皮书：

2018 年 9 月，《区块链白皮书（2018 年）》
2018 年 10 月，《区块链溯源应用白皮书》
2018 年 10 月，《区块链与供应链金融白皮书》

2019 年 1 月，《区块链安全白皮书》
2019 年 1 月，《区块链即服务 BaaS 白皮书》

2019 年 1 月，《区块链关键技术专利态势白皮书》
2019 年 3 月，《工业区块链应用白皮书》

2019 年 5 月，《区块链电信行业应用白皮书》
2019 年 5 月，《公链白皮书》
2019 年 6 月，》区块链司法存证应用白皮书》

9 个行业标准：
2017-0943T-YD 区块链总体技术要求　　报批
2017-0942T-YD 区块链通用评测指标和测试方法　报批

区块链应用技术要求 司法存证　立项
区块链应用技术要求 警务数据共享　立项
区块链应用技术要求 供应链金融　立项
区块链应用技术要求 溯源　立项
区块链服务总体技术要求　立项
区块链性能测试方法　立项
区块链安全总体技术要求　立项

7 个团体标准：
区块链技术参考框架
区块链总体要求和评价指标
功能评测方法
性能基准评估方法
BaaS 评估方法
区块链安全评测方法
区块链溯源

2 个国际标准：
F.DLT-AC Assessment criteria for distributed ledger technologies
H.DLT Reference Framework for Distributed Ledger technologies

区块链的核心功能及全参与方

中国电子技术标准化研究院

中国电子技术标准化研究院（工信部电子工业标准化研究院，工信部电子第四研究院，简称"电子标准院""电子四院"），创建于 1963 年，是工业和信息化部直属事业单位，是国家从事电子信息技术领域标准化的基础性、公益性、综合性研究机构。

2017 年 9 月，中国电子技术标准化研究院发布了《中国区块链与物联网融合创新应用蓝皮书》，该蓝皮书内容融合了国际物联网标准"六域模型"，重点从区块链与物联网发展情况、区块链与物联网融合框架、区块链与物联网融合应用场景等方面进行了深入阐述。

2018 年，中国电子技术标准化研究院主要完成了以下四项工作。

一是编写了《中国区块链技术和应用发展研究报告（2018）》，系统梳理了现阶段区块链技术和应用发展情况，分析了区块链与分布式记账技术等概念的关系，明确了区块链的应用路线图。

二是推动区块链重点标准研制工作，启动参考架构国家标准，编制完成智能合约、隐私保护、存证应用 3 个团体标准，累计为 25 个区块链系统提供了功能测试服务。

三是积极承担区块链国际标准化组织 ISO/TC307 的国内技术对口工作，组团参加 ISO/TC307 的第三次和第四次全会。目前，中国专家承担了参考架构国际标准联合编辑，分类和本体技术规范的编辑，牵头区块链数据流动和分类相关研究工作。

四是积极推进国内自主开源社区 DAppLedger 建设，BCOS 和 AnnChain 两个项目取得了有效应用。2018 年 5 月，论坛组织召开了第二届区块链开发大赛，吸引了来自全国各地、各行业的 47 支团队参赛。

2019 年 11 月 7 日，中国电子技术标准化研究院承办了国家区块链标准化研究座谈会，工信部信息化和软件服务业司、国家市场监督管理总局标准技术管理司在电子标准院组织召开了区块链标准化研究座谈会。会议期间，中国电子技术标准化研究院介绍了区块链国际国内标准化进展情况，提出了加强区块链标准化研究的下一步工作设想。副院长孙文龙指出未来将进一步深入研究区块链标准化需求，支撑筹建全国区块链和分布式记账技术标准化技术委员会。

中国电子信息产业发展研究院

赛迪区块链研究院隶属于中国电子信息产业发展研究院（赛迪集团），中国电子信息产业发展研究院是工信部直属科研事业单位。

2019 年 4 月，工信部赛迪区块链研究院发布《2018—2019 年中国区块链发展年度报告》（以下简称报告），报告显示，截至 2018 年 12 月，中国提供区块链专业技术支持、产品、解决方案等服务，且有投入或产出的区块链企业共 672 家。区块链产业规模约 10 亿元，区块链相关产品交易、教育等衍生产业的规模约为 40 亿元。区块链在核心技术创新能力提升、行业应用与平台服务建设方面都取得了相当大的进展和成就。在国家各部委和地方政府的大力支持下，在 IT、金融、制造业等多领域企业的共同参与下，区块链在金融、政务、能源、医疗、知识产权、司法、网络安全等行业领域的应用逐步展开，正成为驱动各行业技术创新和产业变革的重要力量。

2019 年 6 月底，工信部赛迪区块链研究院发布 Libra 研报，对 Facebook 推出 Libra 一事进行了分析，并建言中国应积极推动数字法币的建设。

2019 年 8 月，工信部赛迪区块链研究院发布《2019 年上半年中国区块链发展现状与展望》报告。报告对截至 2019 年 6 月我国区块链政策环境、技术创新、企业发展、行业应用区块链发展情况等方面进行了全面梳理，结果显示我国区块链行业政策驱动持续升级，监管效力逐渐加强；产业数量增速放缓，行业竞争逐渐升级；核心技术持续突破，创新实力逐渐显现；行业应用不断深入，典型案例加速涌现。一批区块链新企业、新产品、新模式、新应用，在金融、政务、司法、网络安全等行业领域的应用逐步展开，为区块链加速发展提供重要力量。

5.1.3 公安部：推进数字身份研究

公安部第一研究所牵头成立可信区块链数字身份项目组。

公安部第一研究所是公安部直属的综合性研究所，长期以来承担为公安工作和社会公共安排领域提供产品、系统解决方案、工程实施和技术服务的职能，研究领域涵盖法定证件、安全检查、信息化应用，科学分析仪器、信息安全、警用装备、标准化与检测认证等，累计获得国家科技进步奖和部级科技进步奖近 200 项。

区块链的核心功能及全参与方

公安部第一研究所是国家法定证件的主要研发和生产基地，是证卡技术整体解决方案的提供商，全面掌握证件设计、制证、管理及应用的关键基础，承担了居民身份证、护照、驾驶执照、外国人永久居留证、港澳台居民居住证、人民警察证等证件的技术研发、标准制定、技术保障和服务工作。

2016年11月，公安部第一研究所作为"多维身份识别与可信认证技术国家工程实验室"项目法人单位，获得了国家发改委立项批复。2017年7月，进行了"多维身份识别与可信认证技术"国家工程实验室授牌仪式。实验室是国内首个专注于身份识别与可信认证技术研究与产业化的国家级创新平台，将针对我国身份识别手段单一、网络身份管理体系不健全等问题，围绕身份识别精准化、一体化的迫切需求，开展身份识别物理载体防伪、身份识别数字安全与专用芯片、生物特征识别、网络可信身份认证、身份识别测试评价等技术、工艺、材料和装备的研发和工程化，为推动身份识别与可信认证领域的技术进步和产业发展提供技术支撑。

公安部第一研究所组织建设了"互联网+"可信身份认证平台（简称CTID平台），2016年被国家发改委列为"互联网+"重大工程基础保障类项目，为各行业提供统一、权威、多级可信的网络身份认证服务。2018年4月，由CTID认证的电子身份证——"居民身份证网上功能凭证"（简称"网证"）首次亮相支付宝，正式在衢州、杭州、福州三个城市的多个场景试点。在杭州，试点酒店已可以支持"网证"。网证的领取非常便捷，只要打开支付宝的卡包、证件，根据提示完成"刷脸"等相关身份认证，证明是本人，就可以拥有自己的网证了。2018年11月，在乌镇第五届世界互联网大会上，公安部第一研究所、新大陆共同发布了"CTID安全二维码"。CTID以公民身份号码为基础信任根，以更加前瞻的技术为中国亿万网民提供统一、权威的身份认证服务，从源头上解决网上身份认证隐私保护和数据安全问题。公安部第一研究所本次同时公布了CTID官方App，并首次嵌入动态二维码应用体系，可在手机端直接开通和下载居民身份证网上功能凭证，在政务办事、交通出行、网上银行、酒店入住等场景中出示CTID二维码实现快捷的网上身份认证。

2019年6月，可信区块链推进计划召开理事会议，新增区块链数字身份应用研究组，公安部第一研究所成为可信区块链数字身份项目组的组长单位。区块链产业只有在中国法律的框架下才能健康发展。目前我国有关机构已经开始着手建立互联网可信身份体系。以国家基础设施的形态，面向社会提供通用数字身份服务。网络可信体系是网络安全的保证，可信网络身份管理是网络可信体系的核心。可信区块链的发展必须建立在法律框架下，在可信身份管理的基础上才能健康发展。研究可信数字身份和区块链技术的结合，将可信数字身份管理作为区块链应用的重要基础能力，有利于促进各种应用和服务的融合，并提高信息流转、汇聚和网络治理效率。作为各行业和各应用的底层基础信息，通用的数字身份有利于促进各种应用和服务的融合，并能提高信息流转、汇聚和治理效率，降低企业的建设成本。在此背景下，由公安部第一研究所牵头成立可信区块链数字身份项目研究组具有重要意义。

公安部第一研究所将牵头开展数字身份项目组各项工作计划。项目将利用自身身份优势，联合行业中的重要成员单位，研究数字身份和区块链的应用结合，解决方案、发展策略，推动该领域标准制定，让基于区块链的数字身份技术更好地服务于网络治理。

2019 年 8 月，公安部第一研究所组织召开了数字身份项目组组员联席会议；2019 年 11 月，公安部第一研究所组织召开了数字身份项目组的成立大会，包括太一云、广联达、中经天平、中国联通、迅雷、华为、蚂蚁金服、微众银行等共计 30 多家成员单位参加了成立大会，会议计划于 2020 年年初发布数字身份区块链白皮书。未来，数字身份项目组将利用自身优势，以"孵化产业生态"为目标，以"协作、智能、共赢"为宗旨，联合行业中的重要成员单位，研究数字身份和可信区块链的应用结合、解决方案。让基于可信区块链的数字身份技术更好地服务于网络治理。

5.1.4 法院：发布区块链司法存证应用白皮书

随着数字化的发展，电子证据在世界各国的司法证明活动中的作用日益突出，电子证据已成为证据体系中不可忽视的重要部分，社会开始步入"电子证据时代"。相对于物证时代的"科学证据"而言，电子证据的科技含量无论在广度还是深度上，都大大超出了一般物证的水平。电子证据在我国立法中取得合法地位之后，开始大规模地正式介入案件，在越来越多的案件中发挥着前所未有的作用。

随着信息化的快速推进，诉讼中的大量证据以电子数据存证的形式呈现，电子证据在司法实践中的具体表现形式日益多样化，电子数据存证的使用频次和数据量都显著增长。不同类型电子证据的形成方式不同，但是普遍具有易消亡、易篡改、技术依赖性强等特点，与传统实物证据相比，电子证据的真实性、合法性、关联性的司法审查认定难度更大。

传统的存证方式面对日益增长的电子数据的存证需求，逐渐显露出成本高、效率低、采信困难等不足。此外，在司法实践中，当事人普遍欠缺举证能力，向法院提交的电子证据质量较差，存在大量取证程序不当、证据不完整、对案件事实指向性差等问题，直接影响到电子证据在诉讼中的采信比例。

区块链技术特有的不可篡改、不可抵赖、多方参与等特性，与电子数据存证的需求天然契合。电子数据存证是潜在的区块链技术应用的重要落地领域。区块链与电子数据存证的结合，可以降低电子数据存证成本，方便电子数据的证据认定，提高司法存证领域的诉讼效率。

最高人民法院在 2018 年 9 月 7 日印发《关于互联网法院审理案件若干问题的规定》，第十一条中提及："当事人提交的电子数据，通过电子签名、可信时间戳、哈希值校验、区块链等证据收集、固定和防篡改的技术手段或者通过电子取证存证平台认证，能够证明其真实性的，互联网法院应当确认。"这是我国首次承认经区块链存证的电子数据可以用在互联网案件举证中，标志着我国区块链存证技术手段得到司法解释认可。

2019 年 6 月，由最高人民法院信息中心指导，上海高级人民法院、中国信息通信研究院牵头，由吉林省高级人民法院、江西省高级人民法院、山东省高级人民法院、四川省高级人民法院、广西壮族自治区高级人民法院、天津市高级人民法院、北京互联网法院、杭州互联网法院、广州互联网法院、中国司法大数据研究院及多家公司参与编写的《区块链司法存证应用白皮书》，公开发布。

白皮书由浅入深地介绍了区块链电子数据存证的特点和系统设计原则。从电子数据存证的发展现状入手，阐释了区块链电子数据存证对证据三性认定的关系，点明了区块链与电子数据存证的结合点和重要意义，并为区块链存证系统总体设计和关键技术进行了表述和总结。最后，该白皮书还分享了几个区块链司法存证业务领域和实际案例，为区块链应用的开发和创新提供多视角的思路。

图 5-4 《区块链司法存证应用白皮书》发布

区块链可以提升电子数据认定效率。区块链技术为电子数据存证提供结构化的采集过程，并借助于区块链技术不可篡改、不可抵赖等优良特性，使电子数据的认定过程变得非常简便，解决了电子证据在司法实践中易丢失、难认定的痛点，加快了电子证据的证据认定速度。因此得到了法院和社会各届越来越多的重视，很多有实力的厂商也纷纷在此领域进行尝试。在当今的信息时代，应强调电子证据的独特性质与内涵，改变对于电子证据不会用、不敢用、不能用的尴尬，从根本上推动电子证据制度的重构，真正让司法活动这一传统的社会化行为匹配人类进入信息化时代后的司法需求，让司法存证快速跨入信息化的时代。

吉林省高级人民法院电子证据平台

吉林省高级人民法院区块链电子证据平台的构建，使案件证据的收集、核验及存取更为安全、方便，实现了电子证据平台与电子法院的紧密配合。在准备提起诉讼之前或网上立案之后，当事人为了及时保护自己的合法权益，可以登录电子证据平台，进行证据的核验、存证、取证及公示。在区块链电子证据平台完成证据相关的司法步骤之后，利用电子证据的取证便捷、公开透明以及不可篡改的优势，可在电子法院网上审判过程中直接对接电子证据平台的证据，完成电子法院网上证据交换与质证，促成纠纷的网上解决，提高司法效率。

山东省高级人民法院电子证据平台

山东省高级人民法院电子证据平台可通过山东省高级人民法院官网首页进入，

由山东省高级人民法院、中国科学院国家授时中心、中国信息协会法律分会、国家信息中心（中经网）、公安部第一研究所（中天峰）及全国百家法院和中国司法大数据研究院等重要的区块链节点组成，并支持对接更多国家或社会组织的联盟链。该平台支持证据核验、电子证据存证、电子证据取证、区块链公示等方面功能，重点解决互联网版权、互联网金融、电子合同等领域发生的纠纷类型。在案件审理与案件执行阶段，将互联网存证平台与法院建立区块链的数据融合共享，可降低司法诉讼成本，提升解纷效率，防止数据篡改，推动诉讼服务及社会公信体系建设。

北京互联网法院"天平链"电子证据平台

"天平链"是北京互联网法院以"开放、中立、安全、可控"为建设原则，以通过主动式规则前置、司法全链条参与、社会机构共同背书、构建丰富应用为建设内容，以支持创新互联网审判模式为建设目标而进行建设的司法区块链。

自 2018 年 9 月 9 日"天平链"上线至 2019 年 4 月以来，完成跨链接入区块链节点 18 个，已完成版权、著作权、供应链金融、电子合同、第三方数据服务平台、互联网平台、银行、保险、互联网金融 9 类 25 个应用节点的数据对接。天平链在线证据采集数超过 472 万条，跨链存证数据量已达上千万条，案件审理中验证跨链存证数据近 1000 条，涉及案件 50 多个。截至 2019 年 4 月 17 日，基于"天平链"认证判决案件 1 件，促成当事人和解的调解案件 41 件。

杭州互联网法院"司法区块链"

2018 年 9 月 18 日，杭州互联网法院上线司法区块链平台。至 2019 年 4 月，该司法链已经汇集了 3.9 亿条电子数据，相关案件调撤率达到 96%以上。杭州互联网法院在推动司法与区块链融合方面做了大量有益探索并积累了丰富的实践经验。

2018 年 12 月，中国网络作家村上链司法区块链平台。通过司法区块链可以有效解决作者身份确定难、作品形成时间及内容固定难和侵权证据取证难等问题，帮助网络作家们足不出户、一键维权。

广州互联网法院"网通法链"

广州互联网法院从顺应互联网产业发展需求出发，打造以审判为中心、以预防为抓手的可信电子证据存证平台——网通法链。

网通法链的建设以区块链技术为核心，通过密码学、共识算法、证据规则等要素的整合，建立了权威的多方数据存证模式。为确保数据的存储开放中立、安全可信，广州互联网法院与广州市中级人民法院、广州市人民检察院、广州市司法局、广州知识产权法院、广州铁路运输中级法院、中国广州仲裁委员会、广东省广州市南方公证处、广州公证处8家单位共同组建司法区块链。

网通法链于2019年3月30日上线运营，至2019年5月，网通法链存证的电子数据已经超过500万条。

郑州市中级人民法院电子证据平台

郑州中院电子证据平台入口设在郑州法院诉讼服务网首页的电子证据版块，提供证据核验、电子存证、电子取证、区块链公示等服务。其中视听材料/电子证据包括电子合同等可以直接通过网页选择文件上传，电子数据的摘要也可实时入链。

该平台采用三层结构：一是区块链客户端程序，用户可以将操作行为，如在线提交电子合同、维权过程、服务流程明细等通过程序全流程记录于区块链；二是区块链服务层，主要提供实名认证、电子签名、时间戳、数据存证等区块链全流程的可信服务；三是司法鉴定执行层，使用区块链技术将公证处、CA/RA机构、司法鉴定中心及法院作为节点，连接在一起形成联盟链。

成都市郫都区人民法院电子证据平台

郫都区人民法院电子证据平台借助区块链技术，在电子证据存证取证环节，诉讼当事人可将电子合同提交、维权过程等行为全程记录于区块链，各机构节点进行全流程跟踪。

该平台可对证书内容与电子签名、当事人信息及哈希值等方面进行核验。打开当事人提交的"司法电子证据云《电子证据保全及认证证书》"（以下简称证书）对当事人身份进行验证，确认当事人已通过实名认证。通过多方证据核验平台，确认当事人提交的电子数据即为证书中所述的电子数据，以此保证了电子数据的原始性。在多方证据核验平台的证书核验中对可信时间进行核验，在提交可信时间凭证编号与哈希值（数字指纹）验证后获得"时间与事件对应关系明确，并且时间被认证是来源于国家标准时间，权威可靠、真实可信"的结果，以此确认当事人提交电子证据时间来源可信、可追溯、可查验。

5.1.5　国家版权局：版权保护中心 DCI 标准联盟链

中国版权保护中心是国家新闻出版署、国家版权局直属事业单位，是国家版权登记机构，我国唯一的计算机软件著作权登记、著作权质权登记机构及版权鉴定机构。

为维护版权及相关权利人的合法权益，推动建立完善的版权产业利益分享机制，促进版权产业健康有序发展，中国版权保护中心在多年版权工作实践的基础上，在 2010 年创造性地提出了以"数字版权唯一标识符"（Digital Copyright Identifier，DCI）为基础的数字版权公共服务新模式——DCI 体系，期望以此为核心建构国家互联网版权基础设施。

DCI 体系以数字作品在线版权登记的创新模式为基本手段，为互联网上的数字作品分配永久的 DCI 码、DCI 标，颁发数字版权登记证书（如图 5-5 所示），并利用电子签名和数字证书建立起可信赖、可查验的安全认证体系，从而为版权相关方在数字网络环境下的版权确权、授权和维权等提供基础公共服务支撑。

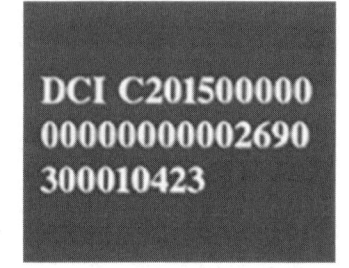

图 5-5　DCI 码、DCI 标、作品版权登记证书

通过对每件数字作品版权赋予唯一的 DCI 码，可使互联网上所有经过版权登记的数字作品都具有一个唯一的身份标识，通过该 DCI 码的查询和验证，即可达到确认作品版权的真伪、明确数字作品的版权归属的目的，从而实现数字作品版权的网上监测、取证、维权等工作，达到版权保护的目的。

将 DCI 在版权运营平台或者终端上的具体图形化为 DCI 标。该标采用封装技术将版权信息在前端进行直观展示，并通过解析技术与中国版权保护中心的数字作品版权登记信息数据库相关联,实现互联网上数字作品版权信息在线识别与验证。

电子化的版权登记证书,采用加密技术与电子签名技术将权利人、作品名称、版权信息及 DCI 码等封装成数字作品版权登记证书,通过该证书的验证机制,可以在数字网络环境下实现作品版权的自动核查,服务于电子政务、商务中的版权查验需求。

DCI 体系以 DCI 标识、验证、特征提取和监测取证等技术为核心支撑,通过系统化的集成应用平台构建数字版权公共服务体系。DCI 体系具有三大基本功能:数字作品版权登记、版权费用结算认证、监测取证快速维权。综合支撑建立起包括版权确权、授权、维权在内的全流程版权综合服务体系,并与现有互联网版权运营平台进行嵌入对接,以嵌入式服务方式实现一体化服务,DCI 体系的作用如图 5-6 所示。

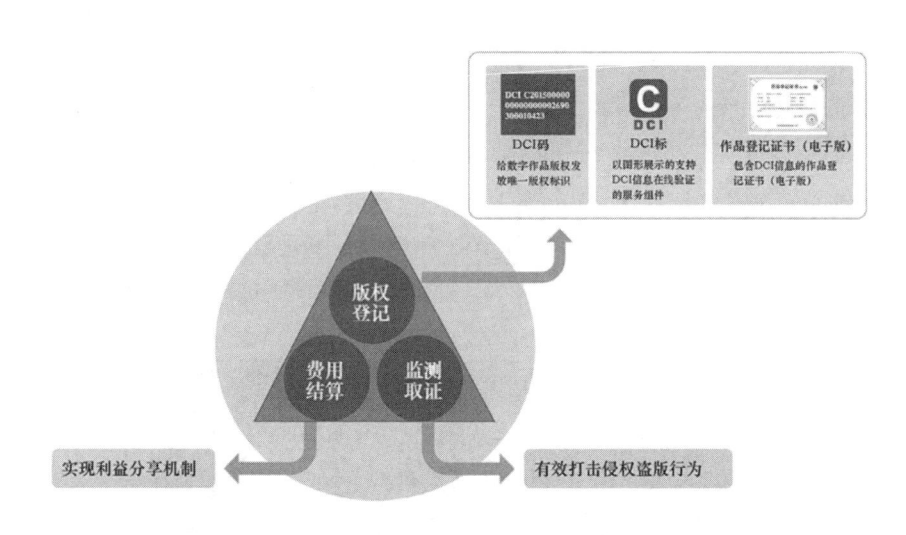

图 5-6 DCI 体系的作用

通过 DCI 体系,社会各相关方可以方便地查验作品的权利人和权属状态,确认作品版权的真伪,为数字作品的版权保护提供了基本保障。同时,通过 DCI 体系的版权费用结算认证和监测取证快速维权,建立中立、公正、透明的第三方版权费用结算和版权利益分享机制,将有效解决困扰创作者和产业界的权利归属难以厘清、透明结算难以实现、盗版侵权难以遏制的难题。

中国版权保护中心在 2019 年 3 月发布中国数字版权唯一标识（DCI）标准联盟链。中国版权保护中心、北京市知识产权局、中国报业协会、腾讯、今日头条、万达影视、网易、百度、京东、阿里巴巴口碑、迅雷、广联达、中国司法大数据研究院等国内机构代表出席发布会。在此次会议上，中国版权保护中心还分别与百度、阿里巴巴口碑、广联达科技股份有限公司等最新合作伙伴签署了 DCI 体系示范应用合作协议。新的合作将进一步扩大 DCI 体系在互联网产业不同垂直细分领域的应用，为更多的互联网平台赋能，为更多的著作权人服务，让版权经济中的角逐者能够在未来的竞争中取得先机。

DCI 联盟链面向互联网平台提供内容创作发布即确权的"嵌入式"版权服务，使联盟链成员平台在不影响原有业务的基础上，接入具有国家公信力的实时登记确权服务，以实现线下创作者和线上内容版权关系的映射，形成作品创作、为作品版权价值交易、作品维权提供权属数据技术支撑与信用保障。DCI 标准联盟链致力于保护权利人、互联网平台及各方利益相关人的权利，以国家版权公共服务机构为超级节点，面向互联网平台提供内容创作发布即确权、版权授权结算在线化、版权维权举证标准化的"嵌入式"版权服务新体系。打通版权产业链各环节，使各参与方互信、共赢，让版权价值在全网充分流动，共同打造基于 DCI 体系的互联网版权新生态。DCI 标准联盟链的启动会如图 5-7 所示。

图 5-7　DCI 标准联盟链启动会

5.1.6 税务局：试行区块链电子发票

2018 年 8 月，国家税务局授权深圳税务局试行区块链电子发票，由深圳市税务局定义行政发行标准和纳税人发票使用规范，腾讯公司提供区块链底层技术支持，高灯科技等电子发票服务商负责提供接入各个交易场景的解决方案，最终实现将"资金流、发票流"二流合一，将发票开具与线上支付相结合，打通了发票申领、开票、报销、报税全流程。区块链电子发票以互联网产品的形态诞生，做到税务机关各环节可追溯、业务运行"去中心化"、纳税办理线上化、报销流转无纸化。详细内容已在 2.3.3 节的案例中有提及。

2019 年 10 月 8 日，腾讯公司基于自主知识产权的区块链发票应用及其成功实践，代表中国在国际电信联盟标准局第 16 研究组（ITU-T SG16）第二十二课题组全会上首次主导提出《区块链发票通用技术框架》国际标准立项。

5.2　国外科技巨头：IBM、微软、Facebook、Nchain

经过近 10 年的发展，2017 年全球区块链市场规模达到 7.06 亿美元。2018 年 1 月，据彭博社援引 WinterGreen Research 公司的一份报告，IBM 和微软已经占据了总规模超过 7 亿美元的区块链产品和服务市场的最大份额，具体份额为：IBM 占 32%，微软占 19%，埃森哲占 17%，其他占 33%。

5.2.1　IBM：Fabric 主导者

蓝色巨人 IBM 从 2014 年起开始研究区块链，时任中间件业务部门 CTO 的 Cuomo 负责区块链的研究工作，重点关注怎么将区块链技术应用到企业协作领域，Cuomo 认为区块链有望颠覆供应链实现方式，将对贸易融资活动有重大影响。

区块链的核心功能及全参与方

以太坊当时成为黄金标准，但却无法真正实现 Cuomo 的想法，即在各机构之间建立起一套去中心化网络，各机构自身负责这套网络的建设和运营。欧盟在发布 GDPR 之前就已经拥有数据隐私相关法案，因此 IBM 的区块链团队认为，在网络体系中必须要有一定的问责机制，能够向审计人员证明发生的一切与最初意图相符。

IBM 在探索过程中也遇到了一系列障碍，其中最严重的就是以太坊的早期代码库缺乏模块化特性。另一大难题在于许可模式——以太坊使用的是 LGPL 许可（一种开源许可协议），对于 IBM 或者任何有意进行成果商业化的企业而言，LGPL 许可会加大业务实现难度。另外，以太坊缺少统一的管理委员会。

基于当时区块链的现状，IBM 决定采取另一条道路，即从零开始根据业务需求自行构建区块链架构。

2015 年年底，IBM 加入了由 Linux 基金会发起的开源平台即超级账本 Hyperledger，成为 Hyperledger 成立初期的重要参与者。IBM 将自己开发完成的区块链项目 Open Blockchain 全部共计 44000 行的代码捐给了 Hyperledger，以此为基础形成了后来的 Fabric 项目（一个超级账本框架），成为当时 Hyperledger 项目的主要组成部分。该项目一经公布便受到了金融、科技和区块链行业的广泛关注，是至今为止区块链联盟链中应用最广泛的技术架构。

Fabric 初衷是为了服务于工业生产，IBM 在把 Fabric 打造为"许可"区块链方面投入了大量的人力财力，因此 Fabric 可以提供如比特币或以太坊等知名区块链提供的通用功能，同时也删除了一些不适用于企业商用的功能。

目前，Fabric 是超级账本联盟中最大、成立时间最长的项目，是全球范围内最常用、最主流的区块链联盟链的技术框架。Fabric 项目使得 IBM 在区块链联盟链领域获得很高的赞誉及知名度。几年过去，IBM 成为企业级区块链领域的主要参与者，与 IBM 在区块链领域合作的公司越来越多，甚至一些国家和地区的政府也与 IBM 建立了合作关系。IBM 区块链业务现涉及银行、制造、物流、保险、健康、零售、能源、金融等多个行业。

2017 年，IBM 与欧洲最大的 7 家银行（德意志银行 Deutsche Bank、比利时联合银行 KBC、汇丰银行 HSBC、法国兴业银行 Société General、法国外贸银行

Natixis、荷兰合作银行 Rabobank 和联合信贷银行 Unicredit）组成了数字商业链联盟，建设基于 Hyperledger Fabric 的贸易融资平台，旨在简化和促进欧洲中小企业进行国内和跨境贸易，帮助企业提高金融交易的整体透明度。IBM 通过与经济学人智库合作，对该项目进行了前期调查，最终确定了该项目，以期解决贸易融资部门面临的挑战，可以让买家和卖家结合在一起，使得从发出采购订单到付款之前的交易过程变得非常透明，为买卖双方提供了融资、风险评估、跟踪货物转移等功能。

2018 年 9 月，蓝色巨头 IBM 推出基于区块链的新支付系统 Blockchain World Wire（BWW），这一系统能够大幅度提升跨境支付效率。

2018 年 1 月，据彭博社援引 WinterGreen Research 公司的一份报告，IBM 已经占据了区块链产品和服务市场的近三分之一份额，市场占有量第一，成为区块链市场的领导者。

IBM 主导的 Fabric 的核心属性，主要有以下三点。

（1）问责制。Fabric 以许可的方式实现了这一特性。许可型区块链，指成员需要申请方可加入，并通过去中心化证书颁发机构提供公钥与私钥。责任建立起来之后，接下来要保证的就是隐私性。虽然成员的身份是明确的，但成员之间应该能够完成私下交互。在金融方面，存在着很多双边合约或者类似的方案，很多场景下，多数成员是不希望网络中的其他成员都能看到自己的业务数据的——只有那些有必要看到的人可以进行访问。

（2）性能与可扩展性。以太坊与比特币出于设计目的而无法实现较高的交易执行率。之所以这样，是因为其在设计当中主要考虑挖矿机制和共识机制等。对于比特币这样一种希望模拟现金的不记名货币工具来说，这种设计思路是完全没有问题的。但在另一方面，企业级区块链必须能够支持大量交易，至少需要达到每秒数千笔，才能满足企业应用需求。故 Fabric 这种许可链设计，放弃了部分去中心化的功能特性，大幅提高了区块链系统性能，使得区块链可以在企业客户中得到广泛应用。

（3）安全性。区块链网络必须拥有长期稳定运行且承受错误的能力。换句话说，如果网络中存在不良参与者，区块链网络能够继续运行，并仍然得出大致正确的结果。这种情况对许可型区块链而言更为重要，因为其中的成员数量较少，因此更可能受到影响。必须保证在配合可靠性较低的硬件时网络本身不会出现故障，而且另外单一成员的离开也不可影响系统整体的运转。Fabric 可以满足这种安全性的需求。

5.2.2 微软：布局 BaaS 和 DID

微软在 2015 年就开始了对区块链的研究，重点关注 BaaS 及数字身份领域。

微软首先启动了"Azure 区块链即服务（BaaS）"计划。该计划将"区块链"技术引入 Azure，并为使用 Azure 云服务的金融行业客户提供 BaaS 服务，可以迅速创建私有、公有及混合的"区块链"环境。

微软是第一批通过区块链服务获利的公司之一。截至 2019 年 7 月底，Azure 在其应用市场中提供了 50 多个与区块链相关的服务，分别面向多种不同的区块链底层平台。通过使用 Azure 服务，企业可以快速在云中部署区块链网络，将更多时间花在上层应用层面。

微软重点发展区块链 BaaS 服务，其最近公布的合作创业公司都是用以太坊作为基础层，而微软本身也是企业以太坊联盟的创始成员之一。

除 BaaS 外，微软认为，区块链技术及协议非常适用于启用分布式 ID，身份识别是区块链技术最广泛的用例之一。

在微软看来，比特币、以太坊和莱特币是三个明确适用身份识别的基础平台。公有链非常适合分布式身份识别系统，比如比特币，它能消除对方付出信任的门槛，没有任何政府或其他中央实体能控制、审查基于公有链的身份信息。虽说一些特定方（非集中机构）通过同盟也可能达成上述效果，但公有链能确保这些身份协议的基础层充分分布且不可被破坏。

分布式身份识别系统不受任何单一中央机构（如政府或大型科技公司）的控制。这意味着，该系统消除了审查的可能性，个人在理论上能完全掌控自己的身份和声誉。微软计划通过 DID（Decentralized Identifiers，分散标识符）的方法实现，它遵循 W3C 工作组所规定的特定标准。

LinkedIn 是微软产品里 DID 应用最明显的用例，它几乎可以能被看成是有关个人过去教育和工作经历的声誉系统。微软 Azure 应用市场如图 5-8 所示。

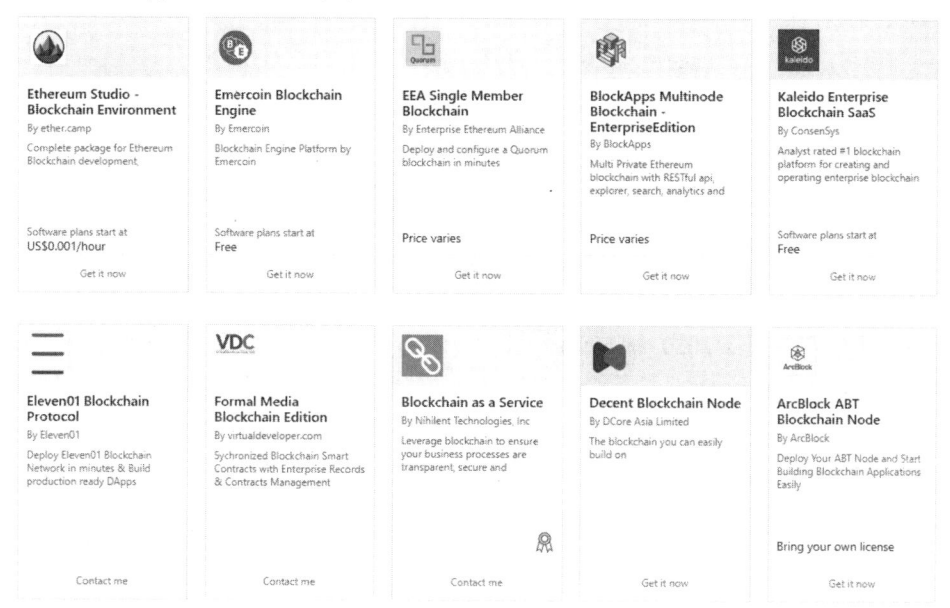

图 5-8 微软 Azure 应用市场

5.2.3 Facebook：发布 Libra 白皮书

2018 年上半年的 Facebook "数据泄露事件"，颠覆了超过 20 亿用户对 Facebook 的认知，用户认识到自己的数据从来没有在自己的控制之下，这让人们感到愤怒。受此影响，2018 年 Facebook 的第二季度财务报表显示，其市值迅速缩水 1000 多亿美元；另有数据显示，Facebook 用户增速降至历史最低水平。

除此之外，Facebook 的权利高度集中的商业广告模式长期以来也遭受到广告主的不满，这都体现出公众对中心化集权的强烈反感。

2018 年 5 月，Facebook 宣布新增区块链部门，部门成员基本上都是业内最顶尖的区块链和加密货币领域专家，负责人是原 Facebook Messenger 主管戴维·马库斯

(David Marcus),此前曾任 PayPal 总裁,同时他还是 Coinbase 董事会成员。2019 年 2 月,Facebook 收购了一家名为 Chainspace 的英国区块链公司,是 Facebook 收购的首家区块链公司。

2019 年 6 月,Facebook 发布 Libra 白皮书,并宣布建立新部门"Calibra"。Facebook 要打造一个新的去中心化区块链、一种低波动性加密货币和一个智能合约平台;提出 Libra 的使命是建立一套简单的、无国界的货币和为数十亿人服务的金融基础设施。

Facebook 筹划的 Libra 协会,现在已包含 28 个成员,覆盖支付、电信、区块链等多个行业,预计 2020 年 Lirba 正式发行时协会创始成员数将达到 100 个左右。

Facebook 创立了受监管的子公司 Calibra,以确保社交数据与金融数据相互分离,同时代表其在 Libra 网络中构建和运营服务。

目前 Facebook 的月活用户数为 23.8 亿,日活用户数为 15.6 亿,相当于每月全球人口的三分之一、每天全球人口的五分之一都会使用 Facebook。庞大的用户数及合作伙伴,使得 Libra 的应用场景非常广阔,这些用户在最大的社交平台的社交、游戏、电商及线下服务,都可以通过 Libra 计价支付。

美国政府对 Facebook 的 Libra 持肯定的态度。2019 年 7 月,Facebook 听证会中,美国金融服务委员会副主席 Patrick McHenry 就肯定了区块链技术的创新性。

5.2.4 Nchain:专利最多

Nchain 是一家区块链技术研发公司,总部位于英国伦敦,团队成员超过 60 名,包括科学研究者、工程师及其他专业人士。Nchain 不仅是 BCH&BSV 分叉的主导者,更是在区块链方面全球专利数量最多的一家公司,超过了阿里、IBM 这种传统的巨头。

2018 年 9 月,Nchain 宣布已被高科技私募股权基金 SICAV 公司以 3 亿美元价格收购。这笔交易是加密货币和区块链行业发展至当时为止的最大一笔收购交易。

SICAV 公司收购了 100%的 Nchain 所有股权。Nchain 业务包括英国 Nchain 有限公司和 Nichain 控股有限公司。

Craig Wright 是 Nchain 的"首席科学家"（如图 5-9 所示），也是澳大利亚计算机科学家和网络安全专家，2015 年因为自称是比特币匿名创造者"中本聪"（Satoshi Nakamoto）而名声大噪。但在面对网友质疑时却忽然放弃验证自己就是中本聪。

图 5-9　Nchain 公司与首席科学家 Craig Wright

Nchain 宣称收购之前，近十年都在为 Craig Wright 的企业进行比特币区块链技术的研发工作，并创造了许多知识产权和新资产，有部分知识产权申请了专利。

Craig Wright 已经通过 EITC Holdings、nChain Holdings、NCIP Holding 和 nTrust 等公司提交了大量专利，申请档案可以在英国知识产权局、欧洲专利局、美国专利商标局和中国台湾知识产权局找到。一个名为 bitcoinpatentreport.com 的网站（现已删除的）详细介绍了 Craig Wright 的专利申请活动。

截至 2018 年年底，Nchain 在全球共申请 469 项区块链专利。

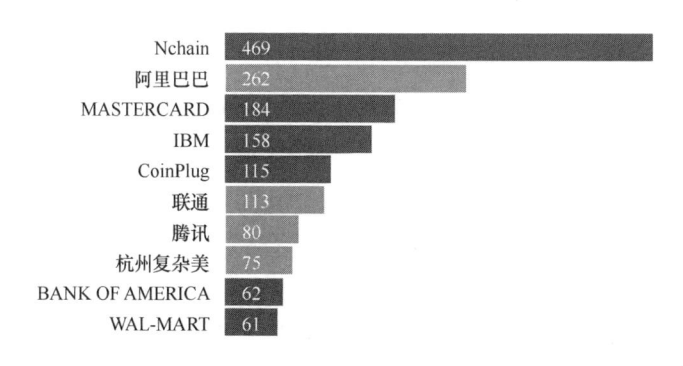

机构	专利数
Nchain	469
阿里巴巴	262
MASTERCARD	184
IBM	158
CoinPlug	115
联通	113
腾讯	80
杭州复杂美	75
BANK OF AMERICA	62
WAL-MART	61

图 5-10　截至 2018 年年底，全球区块链专利申请机构 Top10

数据来源：可信区块链推进计划：信通院《区块链专利态势白皮书》。

2019 年 3 月，NChain 首席执行官 Jimmy Nguyen 曾透露他们已经提交了第 666 份专利申请（提交专利与授予专利不同）。

2018 年 4 月，NChain 宣布已被欧洲专利局授予了第一个专利：欧洲专利局于 2018 年 4 月 11 日授予的第一项专利指的是一种自动注册和管理由区块链监管的智能合约的方法。

5.3 国内科技巨头：阿里巴巴、腾讯、百度、华为

5.3.1 阿里巴巴：蚂蚁区块链

阿里巴巴在区块链方面的尝试，在国内顶级互联网公司中是比较领先的。在 2015 年，阿里巴巴就已经成立了"区块链实验室"，2016 年提交了"蚂蚁区块链"的商标申请，2018 年 9 月，阿里巴巴达摩院官网正式上线，其中的金融科技板块中包含"区块链实验室"（如图 5-11 所示）。

阿里巴巴区块链布局的核心可以归纳为"以联盟链为主，打造一个有自主产权的区块链生产型平台，为特定应用场景落地提供技术支持。

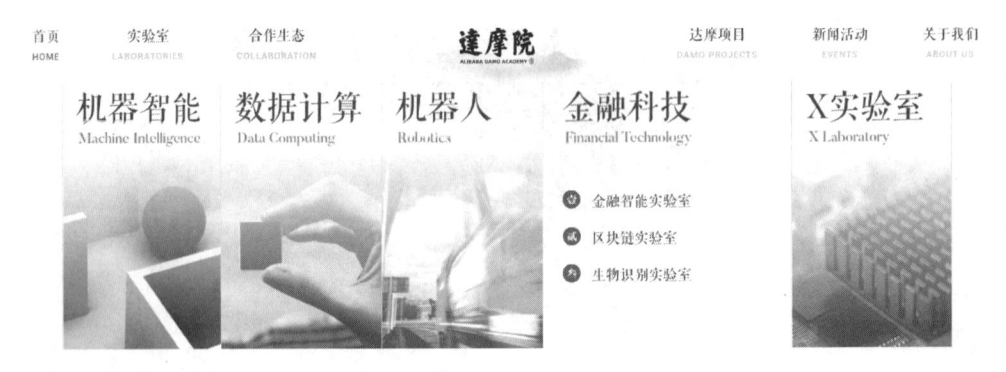

图 5-11　阿里达摩院的区块链实验室

阿里巴巴达摩院官方信息显示，研究院致力于"区块链中共识协议、密码学安全、跨链协议等技术的研究和应用，以商业与金融等应用场景为突破口，率先实现有自主权的工业级/金融级区块链系统"，包括七个主要研究方向：

① 共识协议；

② 密码学安全与隐私保护；

③ 区块链技术结合可信执行环节；

④ 跨链协议；

⑤ 智能合约语言与整体安全性分析；

⑥ 区块链技术与 IoT 结合；

⑦ 区块链技术与安全多方计算结合。

除了这七大研究方向，阿里巴巴的区块链已经实现了大规模的落地，主要集中在以下四个领域。

（1）商品溯源。

区块链溯源应用把溯源链路上多方记录统一归集到分布式账本上，并通过区块结构锁定记录形成不可篡改账本。统一的溯源体系还包括区块链技术平台标准、链路参与方对接接口标准、产品溯源码号段分配和转接方案等。

得益于阿里巴巴集团多年的业务基础和数据积淀，商品溯源成为蚂蚁区块链最具优势的项目。2017 年 3 月，阿里与普华永道、新西兰邮政、澳大利亚邮政、澳佳宝、恒天然等澳大利亚及新西兰合作方签署全球跨境食品溯源的互信框架合作协议，应用"区块链"等创新技术，推动透明可追溯的跨境食品供应链；2017 年 8 月，天猫国际就已经全面启动全球溯源计划，利用区块链技术及大数据跟踪对进口商品信息。2018 年 2 月，菜鸟和天猫国际达成了合作，启用区块链技术建立商品的物流全链路信息。

（2）互助保险。

互助保险，是对无中心机构的新保险模式的一种尝试。利用区块链技术公示所有保险资金的流向，增强了松散群体间的信任，进而更好地发展这种保险模式。互助团体的互信，也能发挥个体的主动性，推动互助保险的发展，降低社会风险。

早在 2017 年，蚂蚁区块链就与信美人寿合作推出了首个运用区块链技术记账的互助保险项目"爱心救助账户"。中国人寿、中国太平、新华保险、人保资本、太平洋保险等多家一线险企均参与了蚂蚁区块链的融资。

（3）慈善公益。

慈善公益是阿里巴巴区块链技术应用于实际场景的首次尝试。利用区块链技术公示捐赠资金的流向，可提高捐赠人信心、加强捐赠感受、提高公益机构及受捐人的公信力，使公益慈善事业朝着良性循环的方向发展。

2016 年下半年，蚂蚁金服联合中国红十字基金会等公益机构上线区块链试验项目，使捐款人可以追踪善款的完整流转情况。2017 年 3 月，支付宝上的所有爱心捐赠项目采用蚂蚁区块链技术，实现平台捐赠数据透明。

未来，区块链会进一步探索医疗救助、帮扶等项目，实现善款走向全流程公开、透明和可追溯。

（4）房屋租赁。

房屋租赁场景是体现区块链技术与经济社会城市治理相结合较为理想的切入点之一。基于区块链技术的房屋租赁平台有助于提升公开、公平、公正的政府形象，增强社会对新技术的感知，也为更广泛的治理范围提供了经验和范本。目前阿里巴巴与雄安新区政府共同打造的基于区块链技术的新区房屋租赁积分系统已完成项目一期建设，后续工作也在开展中。

除了这四个大规划的落地方向外，阿里巴巴区块链在其他领域也有很多尝试。

2016 年 10 月，阿里巴巴与微软、小蚁、法大大等合作开发"法链"，推出基于阿里云平台的邮箱存证产品，通过在"法链"上备份的电子邮件和云服务，阿里为使中国的司法机构能够大规模地采用数字证据邮件提供了前提条件。

2017 年 8 月，阿里健康与江苏常州市合作推出我国首个基于医疗场景的区块链应用——"医联体+区块链"试点项目。该项目旨在将最前沿的区块链技术应用于常州市医联体底层技术架构体系中，实现当地部分医疗机构之间安全、可控的数据互联互通，用低成本、高安全的方式，解决长期困扰医疗机构的"信息孤岛"和数据安全问题。而常州市医联体区块链试点也是中国第一个基于医疗场景实施的区块链应用。

2017年10月，蚂蚁金服CTO程立在蚂蚁金服金融科技开放峰会（ATEC）上首度披露未来的技术布局——"BASIC"战略，其中的B对应的就是区块链（Blockchain），同时，技术实验室宣布开放区块链技术，支持进口食品安全溯源、商品正品溯源等。蚂蚁金服风控团队宣布开放风控云服务，帮助解决各行业面临的业务安全风险问题，比如羊毛党、黄牛党、信贷欺诈、刷单等风控问题。2017年10月，蚂蚁金服发起"BASIC"战略，支持进口食品安全溯源、商品正品溯源等，第一个落地场景是海外奶粉品牌的追踪，先是产自澳洲、新西兰的26个品牌的奶粉。

2017年11月底，天猫国际宣布升级全球原产地溯源计划，未来将覆盖全球63个国家和地区，3700个品类，14500个海外品牌，也将向全行业开放，赋能整个行业。

2018年3月，阿里巴巴正式宣布天猫海淘将基于区块链技术跟踪、上传、查证跨境进口商品的物流全链路信息，防止造假。

2018年4月1日愚人节，蚂蚁金服公布了黑科技产品"全球首款区块链喷漆Block 7"。阿里巴巴宣称，将Block 7喷漆喷涂在车上后，汽车可变为区块链上的节点，进而防止碰瓷及出车祸后事故责任的准确划分，达到智能出行的目的。

2018年6月，蚂蚁金服宣布上线全球首个基于区块链的电子钱包跨境汇款服务，并且现场完成了第一笔汇款。据了解，第一笔汇款由在中国香港特别行政区工作22年的菲律宾人格蕾丝（Grace）完成，耗时仅3秒，而在以前需要10分钟到几天不等而且流程更加复杂烦琐。港版支付宝Alipay HK的用户现在可以用手机向菲律宾钱包Gcash实现基于区块链技术的转账。通过区块链技术的支持，跨境汇款如今也能像本地转账一样实时到账，7×24小时不间断、省钱省事、安全透明。

2018年8月，阿里云发布企业级区块链服务BaaS，支持一键快速部署区块链环境，实现跨企业、跨区域的区块链应用。

2018年9月，阿里巴巴开始在农业上的尝试，黑龙江五常大米引入蚂蚁金服区块链溯源技术。从9月30号开始，五常大米天猫旗舰店销售的每袋大米都有一张专属"身份证"。由于上链的数据具有不可篡改和时间戳等特点，可以让用户看到这袋米从具体的"出生"地等全过程的详细溯源记录。

在 2018 年 5 月举行的"第二届世界智能大会"上，马云曾说过："我们是做互联网金融的，阿里巴巴交易平台有几十万亿的交易额，没有区块链是要死人的，我们必须要有区块链。"马云认为，区块链不是泡沫，区块链是一个对社会、对数据、对老百姓、对政府、对企业的解决方案。如果企业可以扎扎实实做下去，一定会带来回报。区块链技术解决的核心问题是"信任协议"问题，这跟阿里巴巴互联网金融的属性天然契合，追求解决信用的目标一致。区块链对世界的颠覆将会超乎想象，区块链和互联网在未来 20 年将重构世界金融系统。马云谈"区块链"的情景如图 5-12 所示。

图 5-12 马云谈"区块链"

从上述的简单罗列大家可以看出，阿里巴巴在区块链方面的应用落地已经用在了实处，其实也为区块链技术的未来发展勾画了一个很好的蓝图。

5.3.2 腾讯：金融与游戏

2015 年年底，腾讯成立区块链研究团队，从底层开始搭建自己的技术路线。

2017 年 4 月，腾讯正式发布《腾讯区块链方案白皮书》与腾讯区块链行业解决方案，旨在与合作伙伴共同推动可信互联网的发展，打造区块链的共赢生态，为今后的发展规划好了蓝图。腾讯的区块链方案白皮书称："腾讯区块链在鉴证证明、智能合约、共享经济、数字资产等领域拥有多样化的应用前景，为合作伙伴提供金融级区块链基础设施的同时，也为用户提供更安全、平等的产品服务。"腾讯正在从底层技术平台切入，储备技术基础的同时积极探索落地更多有价值的场景。

2018 年，腾讯开始正式进入区块链技术商业应用阶段，进入供应链金融、腾讯微黄金、物流信息、法务存证、公益寻人等多个领域。

通过腾讯在区块链领域的布局，可以看出腾讯发展区块链的基本思路是"先布局、再应用"，联盟链则是其实现区块链应用场景的技术路径。腾讯认为，联盟链更适合在机构和机构之间使用，而且国内联盟链更容易去做。在公有链方面还要去慢慢发展，所以暂时不做选择。

腾讯董事长马化腾曾在公开场合表达了对区块链的重视（如图 5-13 所示）。马化腾表示："区块链技术可以应用在很多领域，比如说一些票据的认证，它实际上就是可以把实物，比如说现实中一个文件、一个票据，变成只有这独此一份，你抵押出去了和还回来，这个过程中怎么用数字化认证它的唯一性，其实区块链可以解决这个大问题。"

图 5-13 马化腾谈"区块链"

腾讯在区块链领域的布局集中于区块链+金融领域。腾讯的区块链团队归属金融科技事业线管理，他们在区块链领域的大部分工作，基本围绕金融业务展开。

表 5-1 腾讯在区块链的布局多集中于金融领域

时间	具体进度
2016 年 5 月	腾讯加入金融区块链合作联盟（深圳）
2016 年 9 月	微众银行与上海华瑞银行宣布共同开发了国内首个基于联盟链技术的银行间联合贷款清算平台，并上线试运行
2017 年春节	黄金红包开始应用区块链技术进行数字资产的并行记账
2017 年 4 月	腾讯发布区块链方案白皮书，其中将金融业务列为"区块链发展的重点行业"首位

（续表）

时间	具体进度
2017年6月	中国银行与腾讯共同成立了"中国银行——腾讯金融科技联合实验室"，将重点基于云计算、大数据、区块链和人工智能等方面开展深度合作
2017年11月	腾讯发布构建在腾讯金融云平台之上的 BaaS 平台，主要服务对象为金融用户
2017年12月	腾讯与广东有贝和华夏银行联合发布以腾讯区块链技术为底层打造的供应链金融服务平台"星贝云链"
2018年4月	腾讯正式发布了"腾讯区块链+供应链金融解决方案"

由此看出，腾讯，是以"区块链+金融"为主线进行布局的。即便在 2018 年区块链概念爆发，各大企业区块链业务场景呈现出多元化趋势，也未能动摇腾讯在金融领域的区块链布局。

2018 年 5 月，腾讯"智税"实验室在深圳揭牌，如图 5-14 所示。2018 年 8 月，腾讯开出全国首张"区块链电子发票"，这被视为区块链行业一个里程碑式的标志性事件。

图 5-14 2018 年 5 月"智税"实验室在深圳揭牌

对于腾讯而言，区块链应用的尝试没有多少试水风险，即使在区块链金融领域达不到预期，也不会危及自己的核心业务；而一旦成功，则对阿里巴巴的核心的支付业务造成重大威胁。这可谓是一次"低风险，高回报"的试水项目。

与其他区块链公司的狂热态度不同，腾讯对于区块链的态度是理性务实的。简单概括就是：圈住核心场景，做深做透，验证它。从腾讯的总体布局中看，区块链属于腾讯创新业务中的一个板块，现阶段暂不考虑盈利。做深做透场景，做大影响力，是前期更重要的目标。

腾讯可信区块链方案

2017年4月腾讯曾发布白皮书，根据白皮书的设计，可信区块链方案的整体架构（如图5-15所示）分成以下三个层次。

底层是腾讯自主研发的 Trust SQL 平台，通过 SQL 和 API 的接口为上层应用场景提供区块链基础服务的功能。

中间是平台产品服务层 Trust Platform，是在底层（Trust SQL）之上构建的区块链应用基础平台产品，其中包括共享账本、鉴证服务、共享经济、数字资产等多个方向。

应用服务层（Trust Application）是向最终用户提供的区块链应用。据腾讯方面透露，此前内测的黄金红包已开始应用区块链技术进行数字资产的并行记账，提升了内部多个系统间对账效率，并从底层保护用户资产安全。

图 5-15 腾讯区块链系统架构

除了金融领域，腾讯在其他领域也进行了区块链的落地探索。比如在腾讯的传统优势领域游戏方面，也有一些尝试。腾讯一直在游戏开发方面较为成熟，游戏和区块链存在很多结合点。百度、360、小米等国内互联网公司推出了"莱茨狗""区块猫""加密兔"等一系列区块链宠物游戏，斐讯、Social Lending 等公司也先后宣布将推出区块链游戏。

2018 年 4 月，腾讯发布了首款 AR 捉妖手游《一起来捉妖》。通过 AR 技术，玩家化身为封妖师，实现在现实生活中的捉妖、养成和战斗。这款游戏通过数据可信任、游戏道具确权、区块链道具、永久记载、安全保护、媒体节点引入区块链的概念，区块链的鉴证证明功能，可以帮助游戏运营变得更加透明化。这让我们看到了新的理念，游戏和区块链的天然契合，一方面，游戏需要区块链技术助其实现装备的"确权"；另一方面，区块链也需要在游戏的包裹下打通现实世界里的应用场景，实现对第一批用户的教育。

像腾讯这样的互联巨头在区块链领域已经潜伏深耕三年，加之在互联网领域多年的积累，行业的上下游都有丰富的应用场景。扎实的技术储备是腾讯做区块链底层技术的有力支撑，如今腾讯区块链的布局发展处于多节点逐渐开花的阶段，当前市场最需要的是一个掷地有声的应用出现，巨鲸潜伏已久，期待惊涛骇浪。

5.3.3 百度：超级链 Xuper

百度入局区块链相对比较晚，但百度在区块链技术应用领域的布局却是很多的。

百度区块链品牌：超级链 Xuper

2019 年 5 月 28 日，在中国国际大数据产业博览会上，百度首次发布区块链品牌——Xuper，同时宣布自研底层区块链技术 XuperChain 正式开源。

据介绍，百度区块链品牌 Xuper 包含六大核心产品，分别是：自研底层技术 XuperChain、司法解决方案 XuperFair、知识产权解决方案 XuperIPR、数据协同解决方案 XuperData、边缘计算解决方案 XuperEdge 和开放平台 XuperEngine，如图 5-16 所示。

```
┌─────────┬──────────────────────────────────────────────┐
│         │    XuperChain 百度超级链自研底层技术           │
│         │  ┌──────────────────┬──────────────────────┐ │
│         │  │XuperUnion超级联盟技术│ XuperLight 多终端、IoT技术│
│         │  ├──────────────────┼──────────────────────┤ │
│         │  │XuperCore公开网络技术│  XuperCross跨链技术   │ │
│         │  └──────────────────┴──────────────────────┘ │
│  XUPER  │  ┌────────────────────────────────────────┐ │
│         │  │      XuperFair司法解决方案              │ │
│         │  ├────────────────────────────────────────┤ │
│         │  │      XuperIPR知识产权解决方案           │ │
│         │  ├────────────────────────────────────────┤ │
│         │  │      XuperData数据协同解决方案          │ │
│         │  ├────────────────────────────────────────┤ │
│         │  │      XuperEdge边缘计算解决方案          │ │
│         │  ├────────────────────────────────────────┤ │
│         │  │    XuperEngine百度超级链开放平台         │ │
│         │  └────────────────────────────────────────┘ │
└─────────┴──────────────────────────────────────────────┘
```

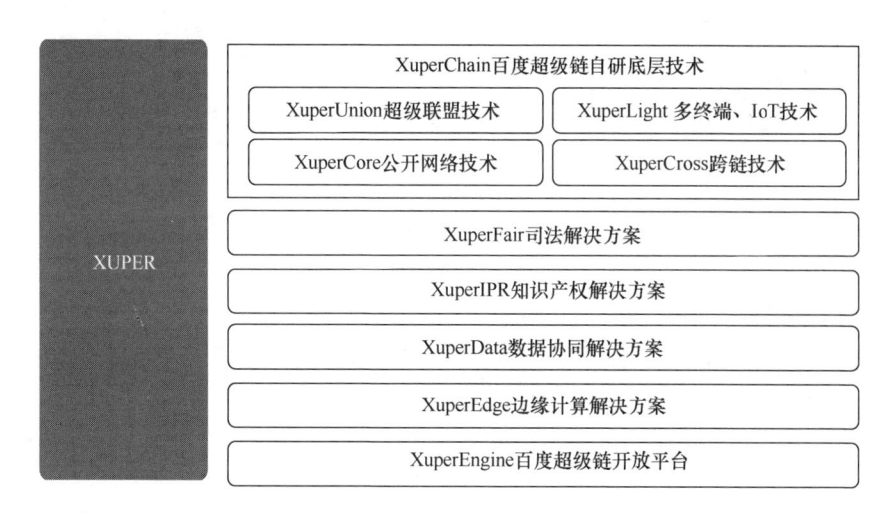

图 5-16　百度区块链 Xuper 产品体系

XuperChain：百度超级链自研底层技术。XuperChain 由 XuperUnion、XuperLight、XuperCore 和 XuperCross 四大专利技术支撑。本次开源的是 XuperChain 下的 XuperUnion 即超级联盟技术，可以支持联盟化部署。

XuperFair：司法解决方案。是由法院、公证处、司法鉴定中心等为节点构建的区块链法院联盟体系，实现数据从生成、存储、传输到最终提交的整个环节真实可信，并具有法律效力。目前已经实现和北京互联网法院、广州互联网法院的合作，正在推进全国互联网法院、普通法院的覆盖。

XuperIPR（以前的百度图腾）：知识产权解决方案。从版权确权、交易、维权三端切入，为各类数字内容（包含但不限于图片、音视频）提供版权存证、版权交易、侵权监测、取证、维权，司法服务全链路版权保护解决方案，实现创作即确权、使用即授权、发现即维权的愿景。目前已经实现与百科文博链合作，正在推进与更多版权内容平台合作，帮助内容平台实现区块链版权存证、分发、监控维权，进行版权内容保护。

XuperData：数据协同解决方案。基于区块链、大数据和可信计算的融合解决方案，用于处理多企业之间数据流通的问题，实现数据可信不可见。

XuperEdge：边缘计算解决方案。基于区块链的边缘计算解决方案，通过区块链技术能力，将闲散的边缘计算资源整合为弹性更好的算力、带宽、存储资源。

XuperEngine：为开发者提供一键部署网络、创建链、网络监控、智能合约的基础技术服务平台，开放平台拥有联盟链、公有链等多种技术解决方案及针对不同行业的区块链解决方案。

此次开源的 XuperChain 具备如下技术特点。

（1）提供多组件、可实现定制化开发。智能合约、共识机制等能力被拆解成单个模块，开发者根据场景应用需求进行灵活调用，让区块链应用搭建更加高效。

（2）支持全球部署。可实现在广域网高效的数据交换。

（3）性能方面，采用独创的链内并行技术，实现单链 6.5 万 TPS，整体网络 20 万 TPS。

（4）安全隐私方面，提供了多私钥保护的账户体系，且账户系统是内置在账本里的。实现了去中心化的权限校验，权限模型支持权重累计、集合运算等灵活的策略。

（5）快速响应。工程师轮值快速响应，自建开发者社区，提供完善、周全的开发者服务。

百度表示，XuperChain 的开源是真正的底层技术开源，理由如下。

（1）不仅是底层技术代码的公开展示，开发者可基于代码进行编译。百度资深工程师在线实时响应，辅助开发者自主搭建和运维应用。

（2）并非通过 Fabric 等国外开源技术改造，而是基于全新的自研架构，是对拥有知识产权的核心技术"真开源"。

（3）XuperChain 的开源不是一劳永逸的，而是动态发展的。未来将会根据百度区块链的研发进展和行业实践，进行持续优化和迭代。

目前百度的 Xuper 生态已经包含北京大学、中国人民大学等多家知名高校，北京互联网法院、国家工业信息安全发展研究中心、百信银行等数十家机构。

基于百度超级链，目前已经开发出百度证据链、数据协同平台、XuperEdge、百度图腾、度宇宙 5 个落地应用产品。

百度证据链是为区块链证据服务的应用链，发挥区块链防篡改、安全的优势，使电子数据作为电子证据对接到互联网法院。

数据协同平台（XuperData）是基于百度超级链、多方安全计算、数据隐私保护等技术打造的国内首个多企业数据安全协同计算方案。

XuperEdge 是一个基于区块链的边缘计算资源流通平台，应用方与供应方通过平台进行节点服务的对接，最大化使用边缘计算资源的效率。

百度图腾是百度搜索公司首个区块链落地项目，图腾是一个基于区块链技术的版权服务提供商，为原创生产者提供版权认证、分发传播、变现交易、监控维权及 IP 资产管理的全链路服务，在提升各环节效率的同时，重塑版权资产价值链、帮助版权人获得多元价值。

度宇宙作为百度超级链的首款原生应用，旨在成为全球最大的，以区块链为基础的文娱应用生态平台，构建一个集"区块链+大数据+娱乐+社交+消费"于一体的数字世界。度宇宙将通过构建丰富的应用场景，让用户在体验中认知和体会到区块链的价值和优势，从而获得更高质量的娱乐体验。

百度区块链落地应用行业

（1）金融行业。

金融资产交易平台：基于 BaaS 平台和多链隔离的技术方案，利用区块链构建百度消费金融生态全闭环，实现资产的授权跨链查询和穿透追溯。

资产证券化：度小满金融携手佰仟、华能信托等合作方联合发行国内第一单区块链技术支持的 ABS，携手长安新生、天风证券发行国内第一单交易所 ABS。目前线上区块链网络已经支持了几十个 ABS 项目，约 500 亿资产的流转和追溯。

数字资产：区块链宠物莱茨狗，上线用户突破 600 万，日均处理区块链交易 200 万笔。

（2）内容版权。

区块链原创图片服务平台，区块链实验室联合百度图片，打造图片版权链 pic-chain，并携手发布原创图片服务平台"图腾"，通过引入可信机构到区块链，实现图片的权威确权。

图腾的产品优势具体有平台优势、技术优势和品牌优势。百度作为国内一流的搜索引擎，具有全面的用户基础和巨大的流量，并且非常重视原创内容生态。依托百度平台的优势，能够使优质原创作品高效触达各行各业的用户，为版权作品提供更多的落地场景和流量导入机会。

（3）信息溯源。

百度云区块链团队联合 Intel 及百度安全实验室，共同打造可信数据链解决方案，保障多方数据协作过程中数据的安全，同时解决多方数据协同计算时的信任问题。

百度百科内容上链：百度百科将通过信息溯源的方式，实现词条内容的去伪存真。

以百度百科为代表的互联网内容平台，在信息溯源领域应用区块链技术，可以实现内容有源可查、溯源过程可信。从而让内容更真实、更透明。在未来，百科还计划与各个行业区块链打通，通过 AI 技术将区块链中的可信数据直接转换为相关词条，进一步保障百科信息的真实性和权威性。

（4）数据安全。

百度云区块链团队联合中国联通共同打造 "5G+MEC+人脸识别+区块链"的分布式实名认证解决方案，解决当前实名认证方案造成的隐私数据泄露的棘手问题。

除此之外，百度提出了基于区块链技术的解决方案——休伯特。休伯特的价值主张是构建一个全新的反恶意软件社区。以区块链技术结合反恶意软件技术，打造公平开放、价值对等的防治恶意软件安全社区生态。对软件生命周期进行全程溯源，提升反恶意软件的检测时效，缩短滞后时间、减少对合法文件的错误检测，提升对高级恶意软件 APT 的检测能力。让生态中的各个软件公司、安全厂商、分发渠道、终端厂商、个人用户、政府用户、企业用户等均能受益。提升我国与其他国家在恶意软件攻防方面的对抗能力。

百度布局区块链时间线：
- 2015 年开始探索区块链金融
- 2016 年 6 月，投资美国区块链支付公司 Circle
- 2017 年 5 月，联合合作方发布 4.24 亿区块链 ABS 项目 7 月上线云计算

BaaS 平台
- 2017 年 9 月，区块链场内公募 ABS 在上海交易所发行
- 2017 年 10 月，百度金融加入"超级账本"开源项目
- 2018 年 2 月，上线一款电子宠物游戏"莱茨狗"
- 2018 年 4 月，百度图腾上线是百度区块链原创图片服务平台
- 2018 年 5 月，百度百科上链
- 2018 年 6 月，发布"超级链"项目
- 2019 年 5 月，百度发布区块链品牌——Xuper，宣布自研底层区块链技术 XuperChain 正式开源

5.3.4 华为：区块链服务 BCS

2016 年华为开始了对区块链的研究，到 2018 年，华为发布了自己的区块链白皮书。此后至今，华为区块链白皮书中提及的多项应用，已开始逐渐落地。

2016 年，华为开始积极参与 Linux 基金会下的 Hyperledger（"超级账本"）项目，该项目是区块链技术领域最具影响力的开源项目，并在两个热度最高的子项目 Fabric 和 STL 中持续做出技术和代码贡献，同时被社区授予 Maintainer 职位，也是两个项目中唯一来自亚洲的 Maintainer。

在 Hyperledger 的 Fabric 项目中，华为对 Chaincode 升级等多项功能特性进行了开发和修改，获得社区一致认可并予以采纳。Hyperledger 成立中国区技术工作组，华为获得工作组主席职位，并帮助促进全球 Hyperledger 社区与中国本地技术团队之间的合作，为区块链开源社区在中国的发展和技术推广做出积极贡献。

2018 年 2 月，华为云发布企业级区块链开放平台区块链服务 BCS（Blockchain Service），是基于开源区块链技术和华为在分布式并行计算、数据管理、安全加密等核心技术领域多年积累基础上推出的企业级区块链云服务产品，帮助各行业、企业在华为云上快速、高效地搭建企业级区块链行业方案和应用。华为官网显示，目前华为云 BCS 在产品上支持多种共识算法，而在技术层面，该平台可以实现 5000+TPS 的

秒级共识。与许多区块链平台不同的是，华为在 BCS 架构中引入了基于"国密算法"的证书签名机制。其客户可以选择国密算法作为区块链平台的加密算法。

华为 BaaS 云区块链服务 BCS，主要用于远程医疗、食品溯源、车联网、IoT 设备管理、精准扶贫、数据交易、身份认证、房产/学历等信息证明等，覆盖的行业场景很广，可助力行业数字化转型，构建可信社会，等等。华为云强调，只专注做链圈的使能者，不参与虚拟货币的发行及相关服务。

供应链物流，是华为区块链最先落地的领域之一。2018 年 12 月，中国物流与供应链产业区块链创新应用年会在深圳召开，华为云区块链服务产品总监刘再耀展示了华为云通过区块链技术，对物流货物进行跟踪、管理的案例。基于区块链的物流系统提升了数据安全性、隐私性、共享性，解决了商品转移过程中的追溯防伪问题，有效提高物流行业的结算处理效率，节约 20%以上物流成本。

2018 年 11 月发布的《华为区块链白皮书》，首次提到华为在区块链上的战略布局，华为云区块链服务主要专注四大类 9 小类应用场景，分别为数据资产（数据存证/交易、身份认证）、IOT（新能源、供应链溯源、车联网）、运营商（设备管理、多云多网）、金融领域（供应链金融、普惠金融）。从华为区块链落地实际场景看，多集中在金融、溯源领域。

2019 年 5 月，华为云更新了区块链服务 BCS 的产品文档信息。新版文档中除供应链物流之外，还将电子政务、公司间交易、医疗健康等行业，作为区块链落地的解决方案示例。以电子政务为例，华为云区块链服务文档显示，目前电子政务领域存在多个痛点，如政务数据是否可信，数据归集部门与使用部门间存在信任断点，可能出现隐私泄露等问题。

在电子政务领域，华为已与国内多地政府部门开展合作。除此之外，华为云也与塞尔维亚等国政府开展合作，探索电子政务的海外落地应用。

5.4 国内传统企业：区块链赋能产业升级

由于区块链尚处于探索期，相关的法规和标准尚未完善，加上建设成本、使用效率和人力成本等方面的限制，目前区块链在我国还缺乏杀手级、大规模的应用。尽管如此，还是有很多传统行业率先进行了有益的探索。

经过调研梳理，目前区块链应用相对广泛的有 18 个行业，包括金融、电子商务、电子政务、电子数据、版权保护、数字身份、物联网、教育、医疗、娱乐、能源、工业、农业、房地产、公益等。其中，金融是第一梯队，应用案例数量占据整个区块链应用数量的半壁江山。第二梯队是电子商务、电子政务、版权交易、电子证据等科技产业，应用案例也层出不穷。第三梯队是能源、制造、建筑业、农业、教育、医疗、娱乐、公益等传统行业。本节我们主要集中于传统行业的区块链应用。

5.4.1 制造业：海尔

海尔连续十年白色家电全球第一，世界品牌 500 强，2018 年营业额 2600 多亿元。随着信息时代的到来和用户消费需求的升级，海尔开始不断探索深挖智慧家电领域，以"海尔智慧家庭，定制美好生活"为口号，将人工智能、物联网等智慧科技融入家电产品中，重新定义智慧家庭。

近年来，海尔重点打造智慧家电的生态，海尔要让生态各方得到利益分享、增值分享。这种生态得以实现的前提就是要有一个诚信的环境。区块链很适合打造诚信的合作环境，区块链有智能合约、去中心化、加密、共识等特性，正好符合生态发展的需求。

在区块链应用探索领域，海尔重点推出两个项目：一是食联网，由海尔冰箱主导，未来的冰箱一定都是智能的，会有很多传感器、摄像头，还会有屏幕，可以进行人机对话。因此，海尔认为，冰箱可以作为食联网的销售终端和交互终端；二是衣联网，由海尔洗衣机主导。

在 2010 年之前，海尔研究的是怎么样提高冰箱的技术，比如说风冷技术，在 2010 年以后，海尔在思考冰箱的目的：用户都想有一个健康的方案，想吃到新鲜的蔬菜，根据用户的需求又迭代了一次，打造一个智慧的家庭，给用户提供一个健康的解决方案，基于这个解决方案，把生态各方连接起来，包括空调、农场、加工企业，以及物流公司等参与方，然后提供一站式的解决方案。

基于这个方案，海尔规划了两个阶段，第一个阶段是打造诚信生态，大家都知道现在很多农场都宣传是有机农场，土壤是安全的，不打农药，不施化肥，但对于消费者来说，他去超市或者商超购买有机食材的时候，他不相信农场能做到，所以通过建立诚信生态，把农场、检测机构、认证机构等参与方加入海尔的 COSMOPlat 农业物联网生态平台，通过区块链将农产品溯源生态系统链接起来，构成农产品从种植管理、加工、物流配送、销售、数据分析等环节的完整信息链。在农产品种植管理环节，通过物联网采集种植区原始信息，将农作物种植的信息上链存储；在农产品加工环节，将农产品包装过程的信息存储，农产品合格证的信息上链；在物流配送环节，农产品运输过程可实时追溯；在消费终端，每个产品都有编码，每件货物产地、合格信息都有源可查。用户只要扫描二维码就可以知道食材是什么时候生产的，它的生产过程是什么。

第二个阶段是建立触点生态，在用户购买有机食材之后，要实现用户的权益保障和增值分享。因为用户家里有海尔冰箱，冰箱是一个物联设备，当用户把有机食材拿回家之后，他可以用冰箱扫描一下二维码，平台可以确认用户已经购买了这款有机食材，之后冰箱会把到用户家后面的过程补充进来，包括冰箱的温度、湿度的信息，全部写到链上，用户就知道这个食材是什么时候买的，应该什么时候吃。在这个生态里面，用户可以在平台上评论和分享，如果分享的话，比如用户买了一个西红柿，他分享出去，别人通过他的分享下单了，那他就可以获得这个有机食材的利润的分成。

整个诚信溯源平台是基于区块链来搭建的，它涉及几个数据方，像数据的生产方、认证方、检测方还有海尔，通过这四方来实现安心食材的全流程生命周期的数据管理。

在这个平台上，对于联盟方来说，首先它是一个共创的平台；其次就是数据是私有的，你的数据仍然是你的数据，你的用户仍然是你的用户；对于上平台的生态方来说，可以获得利润的分享；对于用户来说，他有两方面的体验，第一个是物有所值的购物体验，第二个是用户的权益有保障，首先这个平台上的食材都是安全的，其次是用户所有的购买的信息的安全性，平台为他创建了一个数字身份，没有权限是看不到用户信息的。

海尔的食联网和传统溯源相比的最大优势，就是食品行业链条的真正闭环。海尔智慧冰箱作为终端，能够完全掌控食品在家庭中的生命周期。区块链为食联网带来的价值体现在以下三个方面。

（1）B 端溯源链数据：激活农畜业大数据的沉睡价值，带来一种新型的数据协作模式，可以实现近乎零信任成本的生态联盟成员扩张，因为大家只要信任区块链即可。

（2）促进精细化食材全流程：区块链对全流程再次规范化的切分，将 LOT 系统融合进来，带来更为丰富的食材画像，将倒推农畜业的改革和进化。

（3）C 端增值：通过冰箱中枢产生丰富的行为数据，涉及健康、美食、习惯等极为关键的用户画像信息，以此来做更精准的食材推荐，带来生态收入。还可以在用户授权下基于区块链的数字资产功能产生数据价值交易。

由海尔食联网向 IEEE 提交的《食联网系列标准》于 2018 年 10 月通过立项审核，进入实质性的标准提案制订阶段。

衣联网是海尔洗衣机主导的，以洗衣机为核心，打通洗衣机和衣物之间的互联。很多人买完了衣服之后，衣服的生命周期的管理都在脑子里，什么时候穿什么样的可能都不知道。而衣联生态实现的就是基于物联网的衣物全生命周期的管理，比如服装上都有洗标，会标明它的成分。海尔洗衣机做了智能化结构，你把衣服丢在里面，马上就能识别出来这个衣服的质地，被洗过多少次，推荐什么样的洗衣液，用量多少。这些场景应该保护起来，加密上链。对于用户来说，从"洗、护、存、搭、购"五个方面，把用户整个穿衣过程的习惯都可以记录下来，而且这个记录是记录在区块链上的。

2019 年 4 月 1 日，在德国汉诺威工业博览会上，海尔 COSMOPlat 发布了基于区块链技术的衣物溯源体系。衣物溯源体系让每件衣服有了专属"身份证"，并将 RFID 标签和二维码标签合二为一，和服装进行唯一绑定：一方面，用户可以实时获取产品信息，包括服装的原材料追溯、工艺、设计等，让用户穿得安心；另一方面，这个身份证也可以成为服装品牌的"名片"，向用户展示每件服装背后的设计、生产、销售的全部流程,为服装企业真实可信的品牌做背书。2019 年 4 月 10 日,中国国际区块链技术与应用大会上,海尔衣联网入选"CITE2019 区块链创新成果优秀案例"。

另外,基于服装的全生命周期过程,实现整个生态的分享,海尔做了一个生态宝 App。以前制衣企业要生产一批服装,它要先找设计院设计,设计完了之后再去生产,生产完了之后销售,在这个过程中会涉及资金问题,可能是先预付 50 万元,生产好了给 50 万元,销售后再给 50 万元,根据销售的需求来签订合同,而现在改变了整个生命周期的各个环节,对于设计环节来说,可能只需要付 10%或者 20%的合同金额,用户购买多少之后,再通过智能合约的方式分享给生态各方。

生态宝有三个特点,第一个就是溯源,对生态宝的各个产品进行一些严选;第二个就是增值分享,用户对产品的使用和评价,都是可以分享的,别人通过用户的分享购买了商品,他是可以获得分成的;第三个就是用户通过区块链建立一个数字银行,用户把海尔生态圈里面的数据都放到这个银行里面,而数据就是资产,用户可以开放一些数据换取利益。同时用户在使用其购买的产品进行交互的时候,如果说生产方采用了它的交互迭代了产品,那用户也可以获得整个过程的分享。

5.4.2 建筑业:广联达

广联达科技股份有限公司从 1998 年成立至今,业务始终聚焦于建筑产业,是中国建筑信息化领域的领先者,也是数字建筑平台服务的先行军。广联达于 2010 年 5 月在 A 股上市,目前总市值近 400 亿元人民币。广联达立足建筑产业,围绕工程项目的全生命周期提供以建设工程领域专业应用为核心基础支撑,以产业大数据、产业新金融等为增值服务的数字建筑平台服务商。广联达现拥有员工六千余人,在中国境内建立五十余家子公司,先后在美国、英国、芬兰、瑞典、新加坡、马来西亚、印度尼西亚、印度等地设立了子公司、办事处与研发中心,服务客户遍布全球一百多个国家。

随着数字化时代的到来,建筑领域 BIM 等技术与云计算、大数据、物联网、人工智能等新兴技术的融合进一步加深,数字化技术在建筑业得到越来越普及化的应用，出现了越来越多的建筑领域的数字化作品，如 BIM 三维模型，门、窗、梁、柱、墙、排水、暖通等搭建 BIM 三维模型使用的 BIM 构件，CAD 设计图，音视频教学培训课件等。但随之而来的是大量数字作品被侵权、滥用，如未经作者授权就复制、下载 BIM 构件，应用到自己的 BIM 模型中。不但作者的权益无法得到保障，正规数字作品平台也无法自证清白，不能证明自己平台的数字作品的产权是否明确，严重影响了这些建筑数字作品的大规模推广和使用。

广联达为解决建筑领域 BIM 构件（其大门构件如图 5-17 所示）、BIM 模型的知识产权保护问题，探索应用区块链技术，并搭建了建筑作品版权保护平台。

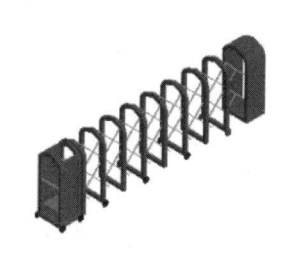

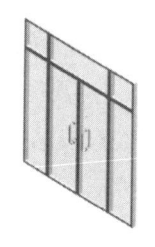

图 5-17　BIM 构件（大门）

现行的传统产权保护服务，不但存在缴纳费用高、时间成本大的问题，而且主要保护对象是图片、文本等通用数字载体形式，对建筑领域数字作品尤其是 BIM 模型、BIM 构件等产权保护措施还很缺乏。例如，中国版权保护中心对建筑领域的作品登记费用，单件收费约 500 元，审核一般至少需要 7～10 个工作日，而且没有非常适合 BIM 构件归属的类别。中国版权保护中心著作权自愿登记收费标准如表 5-2 所示。

表 5-2　中国版权保护中心著作权自愿登记收费标准（2018 年 10 月 26 日修订）

收费项目	计价单位	收费标准（元）	备　注
建筑作品	件	1500 元	系列作品登记第二件起每件 100 元
工程设计图 产品设计图	件	500 元	系列作品登记第二件起每件 100 元
模型作品	件	500 元	系列作品登记第二件起每件 100 元
地图、示意图	件	500 元	系列作品登记第二件起每件 100 元
摄影作品	件	300 元	系列作品登记第二件起每件 100 元
美术作品	件	300 元	系列作品登记第二件起每件 100 元

另外，简单的门、窗等 BIM 构件，制作所需工时最少可为 0.5 人天左右，单次使用价格 5 元左右（按照 BIM 模型费用平摊至单个构件）。这些 BIM 构件等建筑领域数字作品，具有高频、低价等特征，不适用于费用高、审核久的产权保护手段，迫切需要一种新的产权保护方式。

区块链具有多方互信、不可篡改、可追溯、账本公开等方面的技术特点，可以为建筑领域数字产权保护提供帮助。

为解决建筑领域数字作品的产权保护问题，广联达应用区块链技术，探索搭建一个建筑数字作品平台，作者可以将建筑数字作品放至该平台，平台将这些原创数字作品的特征信息、作者信息、创作时间等产权相关数据存在区块链上，利用区块链多方互信、不可篡改、可追溯等技术特点，保存这些数字产权信息，为产权归属提供佐证，为可能的产权纠纷提供可信的证据支撑。这种高公信力、低费用、准实时的解决方案，解决了传统产权保护费用高、审核时间长的局限。

建筑数字产权区块链平台，以联盟链为主，公有链为辅；为保障公信力，还需要接入司法鉴定中心、版权保护中心等国家级公信力机构；为保障数据安全、可信，可以外接国家认证的 CA 机构等。总体的建筑数字产权区块链平台的设计如图 5-18 所示。

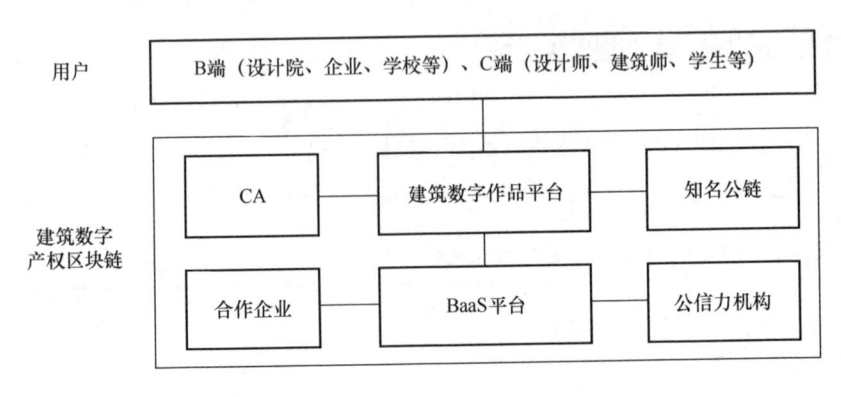

图 5-18 建筑数字产权区块链平台架构

建筑数字作品平台：可为 B/C 端客户提供一个交流平台，个人和机构均可以将自己制作的三维构件、模型、图纸等设计作品上传至建筑数字作品平台，可以自行选择是否进行需要产权登记。同时个人和机构用户，也可以在建筑数字作品平台购买、下载这些 BIM 构件、BIM 模型、CAD 图纸等数字作品。为了安全合规,减少版权纠纷,个人和机构会优先购买已经进行产权登记的数字作品,从而实现了良性的商业闭环。

BaaS 平台:目前国内阿里巴巴、腾讯、华为等多家公司提供 BaaS 平台服务(Blockchain as a service),多数是基于 Hyblerser Fabric 架构搭建的联盟链。BaaS 平台可以提供底层区块链联盟链服务,根据不同的业务需求,组织数量、通道分配、Peer 节点及 Order 节点等一键部署,方便快捷地搭建区块链平台。建筑数字产权平台将数字作品产权登记信息传至 BaaS 平台,根据既定规则写入区块链,信息不可篡改,同时可以同步至联盟链上的各个节点,包括公信力机构节点,提高了证据可信度。

(1)公信力机构。目前国内与数字产权相关的几类公信力机构,都有接入区块链的实例,包括互联网法院、司法鉴定中心、版权保护中心、公证处、律所等。

(2)知名公链。比特币、以太坊等知名公链,公信力普遍较高,将建筑数字产权登记信息写入这些公链进行锚定,会增加证据证明力。但公链的处理性能较低,费用较高,所以可以采取分时分批、打包上链的策略,根据业务量大小,如每月打包上传本月数据至公链,进行锚定。

(3)外部 CA。BaaS 平台一般都具有生成授权证书的功能,可以按照国际加密算法或国密算法进行电子签名。但为了增加数据公信力,可以接入外部国家认可的 CA 机构,申领数字证书,包括电子签名和可信时间提取等,保证区块链的时间戳、数字签名、加密算法更加可信,提高产权证据的证明力。

(4)合作企业。建筑数字产权的保护,需要行业内各相关企业共同参与,形成规模和生态,才能切实推进落地实施。

5.4.3 农业:中粮集团

2017 年 11 月,5 万斤拥有自己"身份证"的"链橙"在中粮旗下我买网平台甫一上市,半小时即被秒杀一空,即使只是试预售,亦引来不少吃货们疯抢,这也是全球首款区块链赣南脐橙首度上市试销,引起新华网、人民网、凤凰网、中国网等各大媒体广泛关注。

"链橙"其实就是区块链+赣南脐橙的合称，意为使用区块链技术进行防伪溯源的赣南脐橙。区块链技术本身就具有信息不可篡改、自治性、公开性等特点，应用在赣南脐橙的溯源防伪上，无疑是令每一个链橙拥有了自证赣南脐橙家族成员的"身份证"。链橙即是正宗赣南脐橙，不用怀疑，放心购买。

作为中粮集团打造"全产业链"重要出口的"我买网"，对进驻我买网的商品品质及食品安全设有很高门槛。此次大胆试水区块链电商正是看重区块链技术加持的食品在品质和安全上足以令消费者放心。

目前，我买网已形成生鲜、海外直采、自有品牌为特色的较为成熟的商品结构，冷链配送已扩大至 300 个城市，有能力将全球各地美食原汁原味直接带给中国消费者。我买网还是国内首个设立食品安全及营养官的电商网站。

赣南脐橙，因其大而无核、色泽鲜雅、肉质脆嫩、甜酸适中，营养丰富被喻为橙中佳品维 C 之王，亦被农业部授予"优质农产品""优质果品"等称号，在市场上享有盛誉，并远销海外。相较湖南、湖北、四川等产地的脐橙，赣南脐橙市场售价会贵 2~3 倍，但销量却是最好的。原因是什么呢？无非还是归结赣南脐橙品质要好于其他产地的橙子。最简单的区别就是外形，赣南脐橙果形是椭圆形的，湖南、湖北、四川等地的脐橙是圆形的，口感要差不少；再一个明显特点是，赣南脐橙打开以后的香味特别浓厚，普通的橙子没有香味。而最得消费者欢心的是，正宗原产地赣南脐橙不打蜡、不染色、纯天然。

权威统计显示，2016 年，赣州市果业种植面积 248 万亩、产量 143 万吨，其中脐橙种植面积 155 万亩、产量仅 108 万吨。由于赣南脐橙市场需求远远大于供应，自然山寨版"赣南脐橙"也就诞生了。通过央视节目，无论是北京最大水果批发市场，还是赣州南北水果市场，不乏有来自湖南、湖北、四川等地的脐橙在冒充赣南脐橙售卖，有些商户对售假行径视为行业"潜规则"，表现习以为常，这无疑给赣南脐橙产业带来严重隐患。

或因劣币驱赶良币的逆淘汰，真正赣南脐橙渐渐被大量山寨版冲击，陷入了优质不优价，甚至卖不出的状况。据业内专家初步估算，每年全国市场上销售的脐橙有大约一半以上是假冒赣南脐橙品牌或品名在销售,假冒伪劣、以次充好现象较严重,对赣南脐橙品牌声誉和产业健康发展都产生了严重影响。赣南脐橙业界、农业专家都在呼吁有关部门进一步出台措施来规范整个产业,激发社会各界参与到保护赣南脐橙品牌这项事业中来,让赣南脐橙产业健康快速发展。

赣州链橙科技有限公司是赣州市第一家专注于区块链技术实体应用的科技企业,主要依托赣州区块链金融产业沙盒园从事互联网技术开发、技术服务、区块链技术开发与应用,目前主要聚焦在为食品行业提供可靠的区块链技术支持和解决方案。

链橙科技公司将区块链技术应用在赣南脐橙的防伪应用上,相当于把橙子的源头(即产地果园)、采摘、收储、加工、销售的每一个环节的信息都记录到"区块",它们被添加到"链"上,参与者(即消费者、商家、果农)可以从这条"链"上看到清晰透明的记录,从而确认橙子的真实身份。"链橙"就是利用区块链智慧防伪,数据存真的特点,为赣南脐橙贴上独特的防伪标签。每一颗"链橙"都有自己专属的"身份证",实现赣南脐橙从田间到餐桌上的每一个环节都即时可追溯。无论是消费者、商家、还是果农,都可以通过扫码确认"链橙"流通中的每一个细节,进而确定赣南脐橙的真实性。

2017年12月,央视CCTV7唯一新闻类深度报道栏目《聚焦三农》播出了"保护名果有多难"的相关新闻报道,并对涉及赣南脐橙产业链相关环节及负责人进行了采访,其中就包括了链橙背后的团队。

此次中粮我买网借链橙试水区块链电商,标志着国家队开始尝试探索区块链在农产品防伪溯源领域的应用,区块链技术将在保障广大人民群众食品安全方面发挥重要作用。中粮我买网的"链橙"截图如图5-19所示。

总体来看,区块链应用于农业,其最大的价值在于最大限度地消除信息不对称,提高整个产业链的信息透明度和及时反应能力,从而实现整个产业的增值。此外,区块链难以单独应用,需要与农业管理应用、供应链管理平台,以及物联网等技术相结合,才能真正发挥其价值。

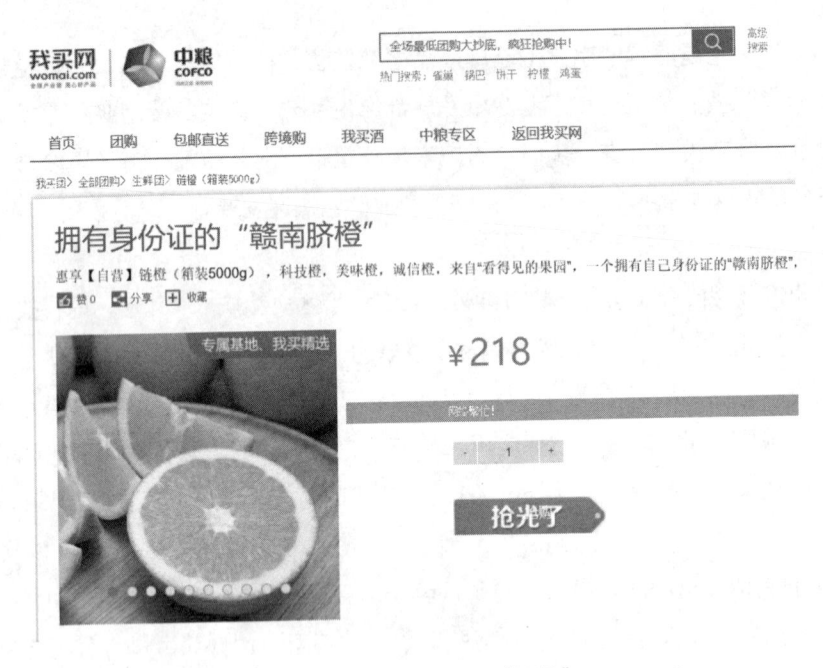

图 5-19 中粮我买网的"链橙"

5.4.4 金融服务业：招商银行

国内大部分银行机构都开始探索区块链应用，应用场景涵盖了供应链金融、贸易融资、房屋租赁、公益扶贫、跨境支付和数字票据等多个领域。

招商银行成立了金融科技创新孵化平台，建立独立团队运作机制，支持创新项目，在人工智能、大数据、区块链和云计算等金融科技的基础设施与能力建设上不断取得突破。

2018 年 11 月，招商银行首个基于区块链的产业互联网协作平台上线。该平台采用招商银行自主研发的金融协同解决方案，联合中建电商，将区块链技术垂直应用于供应链融资场景，聚焦集团成员企业的集中采购供应链融资服务，实现银企间应收账款融资过程全流程链上协同。

中建电子商务有限责任公司是招商银行总行战略客户中国建筑的成员企业，"云筑网"是中建电商在中建集采平台基础上，依托中国建筑庞大稳定的采购需求，打造的集电子化招标、在线交易、物流整合、供应链融资于一体的建筑行业物资采购领域产业互联网应用平台。随着业务发展，云筑网已逐步拓展云筑集采、云筑商城、云筑劳务、云筑金服、云筑智联五大业务板块。

在招商银行总行的持续指导和推动下，招商银行济南分行通过与中建电商近3年的业务合作，实现了总分联动模式下总行战略客户的纵深经营。截至2018年11月，济南分行通过云筑网平台为中建各局公司供应商发放供应链融资突破800笔，累计发放额突破20亿元，服务核心供应商120余户。随着业务合作的不断深入，该行已成为云筑网供应链金融的主要业务合作银行。

2018年10月31日，招商银行携手中建电商联合发布基于区块链的产业互联网协作平台。平台首期聚焦产业供应链融资场景，为中建集团直属局公司、子公司及供应商间的供销账款提供付款代理融资支持。平台上线次日即完成357笔供销资料存证交易，以及2.05亿元的付款代理融资申请交易。

中建集团供应商在中建电商"云筑网"平台完成招标、签约、订单等采购流程后，即可同步将供销资料存证至协作平台。当供应商需要进行应收账款融资时，在协作平台上向银行提交融资申请，智能合约自动勾链存证信息，为融资银行提供完整可靠的审贷资料。融资审核通过后，银行将放款信息链上回复给供应商。融资到期后，供应商通过协作平台完成融资还款过程。该业务模式的落地，为招商银行未来供应链金融业务中基于贸易背景真实性的探索积累了成熟的经验，也为未来基于区块链场景下的交易确权模式进行了有效的探索，进一步打开了产业供应链的业务蓝海。

基于区块链的产业互联网协作平台方案依托招商银行自主研发的金融协同解决方案，将区块链技术垂直应用于供应链融资场景，实现银企间应收账款融资过程全流程链上协同。解决融资过程中的贸易背景真实性问题，同时提供更为开放、高效、可信、可审计的协同机制。

产业区块链协同平台成功投产后，平台的运营与应用两套体系也同步向所有金融机构开放。其中，平台分布式部署在公有云平台上，便于合作运营方快速参与，协作运营。而平台通过开放互联网为应用方提供快捷的接入方式。同时，平台提供创新的可编辑协同机制，可为应用方提供便利快捷的应用定制模式，支持各种金融协同场景上链运营，通过"可信联接、数据透明共享、可靠仲裁"等区块链创新优势，解决银企协同过程中的业务痛点。

　　截至 2019 年 3 月底，即中建产业互联网协作平台上线 5 个月，已完成超 40 万笔供销资料存证交易，以及 20 亿元的付款代理融资申请交易。中建将集团供应商中标信息、合同、订单等信息全部实时推送至协作平台存证，形成大量真实业务数据，为后续构建大数据风控模型及批量获客奠定了坚实的基础，产业链数据价值大。

第六章

区块链目前存在的问题及未来发展

6.1 技术成熟度：膨胀与幻灭交替的探索期

目前，对区块链的态度褒贬不一。有的人或平台评价区块链是一场伟大的技术变革，相当于第四次工业革命；有的人或平台说区块链没有实质的用途。

Wired（《连线》），是全球最具影响力的科技类杂志，其在 2019 年 2 月曾发表文章《没有足够理由可以相信区块链》，如图 6-1 所示。

图 6-1 Wired 发表的关于区块链的文章

2018 年 9 月，美国国家科学院、工程和医学院（NASEM）发布了题为《安全投票：保护美国民主》（*Securing the Vote: Protecting American Democracy*）的报告。该报告认为目前不应该使用区块链投票系统，提倡 2020 年的美国选举应该使用纸质选票。原因在于目前区块链技术没有从根本上解决选举的基础安全问题，无法保证投票过程的可核查性、保密性、选票安全性，引入区块链技术的同时也引入了其他安全漏洞。

Forbes（《福布斯》），美国福布斯公司商业杂志是全球著名的财经杂志，曾在 2018 年 11 月发表文章《基于区块链和人工智能的第四次工业革命》，将区块链技术提升到了很高的高度并加以肯定；国内著名投资人徐小平也表达过对区块链技术的肯定。

第六章　区块链目前存在的问题及未来发展

图 6-2 《安全投票：保护美国民主》报告封面

图 6-3 《福布斯》（Forbes）发表的关于区块链的文章

国际各界对区块链态度不一的主要原因，是区块链技术还没有完全成熟，还有很多待解决的问题。

国内很长一段时间同样对区块链技术存在争议，在"1024"（2019年10月24日习近平讲话）之后，我国政、商、学、研各界对区块链取得了共识："把区块链作为核心技术自主创新的重要突破口"，"加快推动区块链技术和产业创新发展"等，区块链成为金融资本、实体经济和社会舆论共同关注的大热点，我国正在积极发展区块链基础技术、前沿技术、制定标准、探索应用场景，区块链技术被提高到前所未有的高度，这必将极大地推动中国乃至全球的区块链的发展及应用。

2019年3月，Gartner发布《区块链频谱发展的四个阶段》，认为在三至五年内，目前区块链的许多核心技术问题都将会有解决方案。

Gartner公司是全球知名的IT研究与顾问咨询公司之一，Gartner每年会根据分析预测把各种新科技的发展阶段及要达到成熟所需的时间绘制在一条曲线上，这条曲线被称为"Gartner新兴技术成熟度曲线"（The Gartner Hype Cycle for Emerging Technologies），有助于市场了解当下热点及未来趋势。

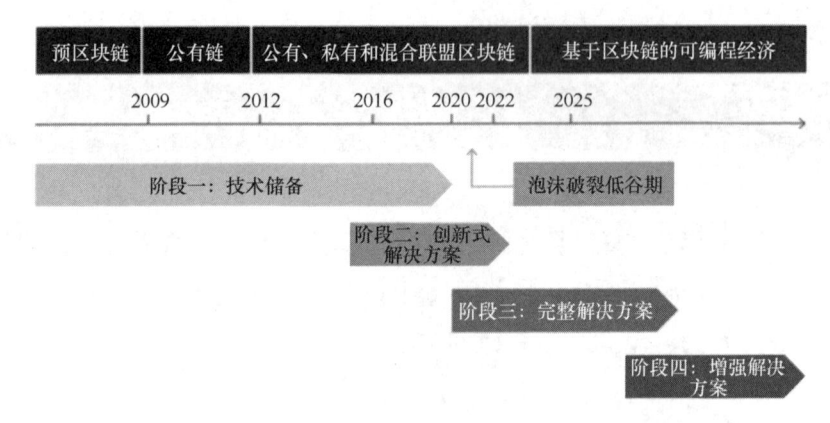

图6-4　Garter给出的区块链发展时间表

Gartner认为区块链发展可分为以下四个阶段为。

（1）区块链储备阶段（Blockchain-enabling）。

相关技术为创建未来的区块链解决方案奠定了基础。这些技术也可用于非区块链解决方案，例如，提升分布式数据管理系统的运行效率。相关技术包括加密（cryptography）、分布式计算（distributed computing）、点对点网络（peer-to-peer networking）等。

（2）区块链创新阶段（Blockchain-inspired）。

现阶段，大多数企业级区块链解决方案均属这一范畴，他们使用区块链开源或自研的方案进行项目尝试，如分布式存储、数字签名、哈希加密等。但这个阶段还无法对多种数字和非数字资产进行通证标签，此外，他们在设计之初也并没有考虑去中心化运营的基础。

区块链创新的解决方案有望解决诸如欺诈和调解等挑战。这些创新类项目采用传统结构进行数据管理、用户参与和网络控制。他们通常复制现有的集中式企业交易和信息系统。尽管这能让各企业尝试使用区块链，并可能通过建立联盟链的方式开展协作，但他们并不算是真正的颠覆性革新方案，无法通过这些解决方案来满足企业的关键性需求，即构建全新的商业模式。

（3）区块链完善阶段（Blockchain-complete）。

最早在 2020 年出现的区块链完善解决方案，为使用智能合约（smart contracts）、通证化（tokenization）和去中心化运作架构（decentralized operational structures）的全新商业模型提供了新途径。这些解决方案将具备区块链的所有关键能力并有望提供完整的价值主张。

完善的区块链解决方案将通过智能合约和去中心化实现通证的流转，这是区块链创新解决方案通常缺乏的两个部分。这些能力是催生新商业模式的基石。引入和使用加密货币令牌和其他形式等的通证类资产将造就不可限量的虚拟货币系统。

要将这些解决方案与区块链创新类解决方案区分开，可以从以下几个问题入手：该方案如何实施、解决方案如何处理数据、数据用何种方式保存、通证化是否停留在设计层面、交易治理是如何启用，以及链内／链外如何实现数据同步。

（4）区块链增强阶段（Blockchain-enhanced）。

大概 10 年后即 2029 年左右，区块链的去中心化经济实力、微交易搭配人工智能（AI）的智能决策能力、物联网的感官能力，三者将为商业和社会创造前所未有的颠覆性技术架构。

最后，区块链将通过生物黑客（biohacking）的方式在物联网（the development of the Internet of Me）等外部科技与未来人类之间提供更加无缝地连接。首席信息官和企业领导者决不能低估区块链完善和区块链增强解决方案的彻底颠覆性本质。

在三到五年内，许多区块链的核心技术问题将有望得到解决。建议进行足够的情景规划和技术试验或跟进考虑去中心化和通证化未来技术颠覆的可能，以免减弱长期的竞争能力。

2019年8月，Gartner又发布了区块链商业技术成熟度曲线，如图6-5所示。

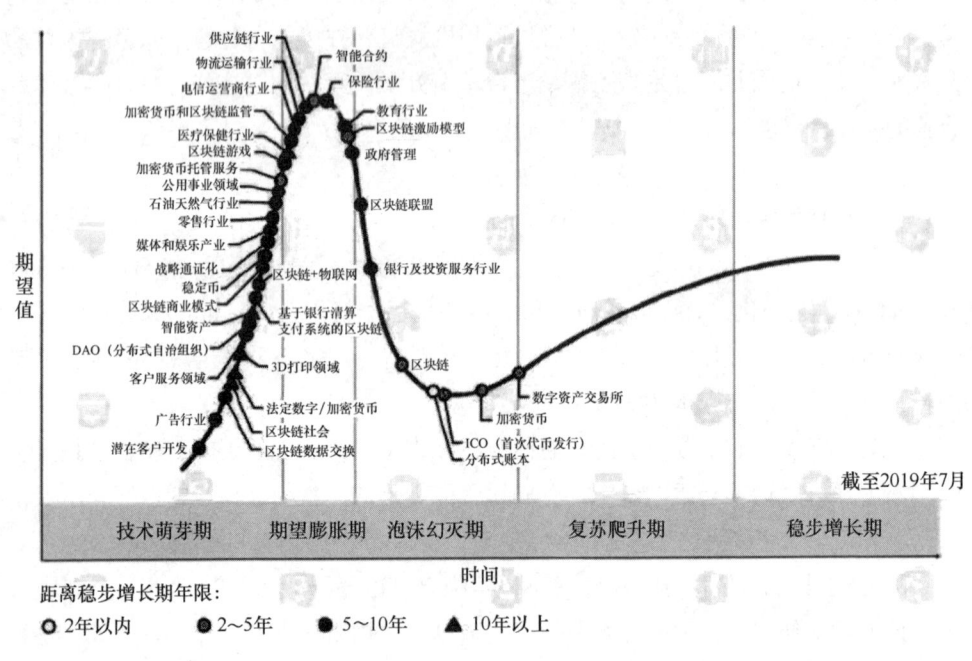

图 6-5　Garter 发布区块链商业技术成熟度曲线

Gartner 列举了 30 多个区块链细分行业的趋势，在 5 年内可以达到稳步增长期的细分行业包括分布式账本、数字资产交易所、加密货币、ICO、区块链核心技术、区块链激励模型、智能合约、加密货币托管服务。

分布式账本，处于幻灭期底部，发展落后于数字资产交易所，但发展速度会更快，将在未来 2 年内到达稳步增长期，这是 Gartner 认为唯一一个 2 年内能到达稳步增长期的细分行业。

数字资产交易所，已到了复苏爬升期，距离稳步增长，数字资产交易所还有 2～5 年的时间。

加密货币，即将度过泡沫幻灭期，到达复苏爬升期，但距离到达稳定增长期需 2～5 年。

智能合约，处于期望膨胀期，也就是在山坡的最高峰，达到稳定增长期还需要 2～5 年。

区块链激励模型：即通证经济激励模型。区块链激励模型已经度过了期望膨胀期，未来 2～5 年后，将迎来稳定增长期。

ICO 也已经到了泡沫破裂期，接下来，会稳定增长。

按照此预测，未来 2～5 年应该是区块链成熟发展的时期。

6.2 尚存的问题：业务模式与技术仍不完善

目前，区块链无论是业务模式还是技术，还有很多方面需要发展完善。

（1）公有链性能存在瓶颈。

目前，区块链主要还是受制于可公有链的扩展性方面。2018 年双十一的时候，网联的交易峰值达到了 92771 笔/秒；比特币是每秒 7 笔。以太币是每秒 10 笔到 20 笔，Libra 根据其白皮书，每秒可达 1000 笔。目前的区块链架构尤其是公有链无法实现各应用场景所需要高并发性能。

从发展阶段来分析，区块链目前还是一项全新的技术，尚未达到大规模应用的要求，其运算能力还有待于进一步提升。

与此同时，联盟链的交易速度已达到可以商用水平。目前联盟链的交易处理速度，以 16 节点为例，每秒交易上链数量的峰值约在 2~3 万之间，达到可以商用的程度。

(2) 去中心化与监管。

"去中心化"是区块链区别于其他传统系统的主要特质，从某种意义上来说，其所有的革新意义也都源于此，"去信任化""自治性"等不过是"去中心化"在技术规则赋权下的意义延伸。然而，正如世间没有绝对真理，区块链的"去中心化"也没有那么绝对。虽然在技术和理论上的确可以实现绝对的"去中心化"，但现实中资源和信息的流动会促使新的中心形成，从而对"去中心化"的意义和功能造成消减。

目前，很多领域相同的场景，出现了很多类似的联盟链，比如溯源、司法、供应链金融等领域，已有多个联盟链，这些联盟链彼此不互通，数据也无法共享，相当于取代了原有的中心化而出现了新的"中心"。

数字货币的矿池和交易平台也为此方面的典型代表，二者虽解决了人人皆可参与挖矿和交易数字货币的现实需求，却成为新的中心化平台，引发因中心化而导致的危机和风险。另外，区块链在社会治理中的应用也有可能出现同样问题。因具有可扩展性，区块链平台可能会促使新的虚拟权力产生，并进而导致"新的中心集权"，少部分技术精英垄断或主导公共事务，却无须获得任何合法授权或是不受任何监督。

目前对区块链的监管主要体现在货币系统和金融领域，因其关系到一国的经济秩序和金融体系稳定。除了在小范围的投资领域流转，比特币当下主要的应用场景是洗钱、勒索和黑市交易等犯罪活动。

虽然少数承认数字货币的国家和地区已基本出台了相应的监管政策和举措，但具体监管效果还不确定。另外，除了对明显违法行为的监管之外，还需要对技术规则本身进行规范。区块链的"去信任化"功能并不能克服技术设置本身的"不诚信"问题，以技术为包装的规则失衡因具有隐秘性而使得监管更加困难。

对数字货币的监管和数字货币应用本身就是一对矛盾的存在，传统的监管模式是集中化的、反匿名的，这无疑与区块链技术"去中心化"的本质特点相悖；更深层次的悖论则在于数字货币背后的科学技术与监管体系之间的价值追求并不相同，前者奉行"去监管"哲学，崇尚自由开源，而后者则强调风险防控与化解，追求效率、安全与公平的动态平衡。

联盟链由于牺牲了部分去中心化的性能，保留区块链分布式存储、不可篡改、智能合约等技术特性，结合数字身份等"可控匿名"技术，非常适合监管功能，是政府实施监管的非常好的途径。

(3) 智能合约与现行法律制度的对接难题。

区块链应用除了面对监管系统缺位、监管规则空白的挑战外，还需要克服与现有法律系统的对接和协调的问题，才能获得正式的合法性地位，这主要体现在智能合约的应用方面。目前，关于智能合约的论述大多集中在强调其如何实现可编程金融及如何取代中介机构等方面，而忽略了智能合约与现有法律系统尤其与合同法的协调和兼容。

首先，是语义解释和表达效力问题。在现实生活中，受限于语义表达多意性和客观情况多变性，往往会出现法律未规定或双方未约定情形，需要对法律规定或合同条款进行解释，且这种解释往往涉及复杂的利益权衡和价值判断，应依靠具有公信力的第三方从中裁决；但智能合约却完全依靠计算机语言写就的程序在缔约方之间实现验证和执行，这必然会引发一个根本性问题，即程序代码是否能够精确地表达合同条款的语义，以及合同条款是否又能准确表达当事人的意思，若不能表达，那么对于代码的语义应如何解释、由谁来解释，以及最为关键的一点——其是否属于被合同法所认可的有效合同形式？

其次，在智能合约执行过程中，一切均需听命于事先设定好的代码，而不考虑缔约方当下的真实意愿，若一方当事人某一操作失误或希望有其他选择，代码程序并未提供可修改的替代方案，则所谓"智能"并不智能，以致合同法上的合同变更、撤销和解除等制度根本无从适用，而这与近代私权社会所确立的基本民法理念"意思自治"是完全相悖的，让人不免担心智能合约在提高效率的同时可能也牺牲了一定的公平和自由。

　　智能合约虽然在某种程度上实现了技术与法律的协同，但还需要现行法律制度的进一步确认。

　　技术风险难以完全避免。区块链的交易规则及智能合约实际上都是由程序和语言控制的，技术性、操作性失误风险难以完全避免。当失误未被及时发现，单次失误的影响将被放大，且需付出较大成本以修正失误。

　　（4）隐私保护难。

　　数据隐私法正在发生变化，以规范通过技术获取用户数据的相关问题。近年来，欧盟实施了通用数据保护条例(GDPR)。正如《华尔街日报》所指出的那样，跨越不同立法机构的区块链网络可能会使这些法律无法执行。这可能会使用户数据面临被滥用的风险，它最终导致某些法律使其更容易受到攻击。

　　公有链，意味着每一个参与者都能够获得完整的数据备份，所有交易数据都是公开和透明的，这是区块链的优势。然而，对区块链应用方来说，这却是缺点。因为在很多情况下，不仅用户希望保护自己的账户隐私和交易信息，企业更是不想把这些商业机密公开分享给同行。

　　比特币的交易地址和地址持有人的真实身份的关联相互隔断，由此保护隐私，达到匿名的效果。这就是为什么你可以通过区块查看每一笔转账记录的发送方和接收方的地址，但无法对应到现实世界中的某一个人。但是这样的保护方式强度较弱，通过观察和跟踪区块链的信息，利用地址 ID、IP 等还是可以追查到账户和交易的关联性，由此分析出现实情况下具体某个人的身份信息。

6.3　区块链与前沿信息技术的融合

　　区块链要落地解决现有问题，还需和物联网、人工智能、云计算、边缘计算、大数据等前沿信息技术的深度融合，推动集成创新和融合应用，也需要和法律法规及社会制度进行磨合，才能更好地发挥创新作用。

6.3.1 区块链+物联网：确保上链数据可靠

区块链以数学原理保证链上数据的可靠、不可篡改，但上链前的数据如何保证真实可靠呢？区块链+物联网可以解决这个问题。

物联网就是把智能化的硬件设备连接在一起，包括家庭里的设备，如冰箱、电视、洗衣机、热水器等；城市中的设备，信号灯、路灯、摄像头等；楼宇中的设备，如视频监控、设备传感器、温度湿度检测、烟雾报警器、电梯监控等，厂房工地中的设备，如质量检测、温度湿度检测、土壤、水质、产地等。物联网可以相对准确地把所需要的相关数据收集起来，直接上链，这样可以减少或避免人工干预，减少数据被篡改的机会，解决上链前数据可靠性的问题。

Gartner 预测，到 2020 年将有超过 200 亿个连接的东西，这是一个巨大的数字。有这么多设备通过互联网相互连接，管理和安全是一个大问题。目前，大多数物联网架构需要中央枢纽或服务器，其允许在网络中的若干设备之间存储和传输数据。随着物联设备大量增多，物联网中收集到的数据成倍增长，所有支持 IoT 的设备都通过允许存储和处理数据的云相互连接。与这些设备的连接通过互联网进行，但发生如此多的连接，服务器可能会过载，使整个系统容易受到网络攻击。

区块链的不可篡改、去中心化等的特性，为物联网提供了一个"物账本"，为记录的物联网设备提供存储方案，保证数据被记录后，不可以被篡改；区块链系统是分布式去中心的，没有单一的通信线路，可以拥有一个安全的网状网络，使 IoT 设备可以可靠地互连，并避免中央服务器模型中普遍存在的威胁，这种分散的方法可以消除单点故障，为运行的设备创建更具弹性的生态系统。此外，区块链中的加密算法也会使数据更加私密。

区块链对物联网的意义有以下几点。

（1）非常安全。区块链可用于追溯数据来源，防止出现重复数据、篡改数据的情况。

（2）简化流程。物联网设备的部署通常很复杂，而区块链系统通过智能合约，可以轻松识别物联网设备、身份验证、安全数据传输等，这使部署更加简单、高效。

（3）无需第三方，物联网传感器可直接与目标交换数据，全网公证，这可以保护 IoT 设备的数据不被篡改。

（4）保护隐私。区块链支持各个设备的匿名和社区自治，保证了数据的隐私性、完整性和独立性，数据之间也可以平等交换。

（5）成本较低。由于不需要中介，因此使用区块链可以大大减少物联网设备的部署、运营和维护成本。

区块链与物联网的结合是非常必要的，能最大化地发挥出这两类技术的优势，未来将发挥出的作用是难以估计的。

6.3.2 区块链+人工智能：攻守兼备的技术组合

人工智能篡改单一节点的数据是很容易的，区块链技术可以让数据无法被篡改。区块链技术可以实现清晰的溯源跟踪，将可以帮助人类与机器之间相互建立信任。在实际的落地应用中，区块链与人工智能配合使用，可以扩展应用范围。

以版权保护平台百度图腾为例。百度图腾基于区块链技术，打造了一个版权存证系统，可以为内容作品提供具有明确时间标记的"存在性证明"，著作人在创作出图片等作品后，将作品、著作人信息、创作时间等信息存在图腾区块链系统中，作为版权的证据，为版权保护提供支撑。

但仅靠区块链技术，只能自证清白，对于检测作品侵权行为却无能为力。AI 技术可以实现在全网范围内，按照图片作品特征发现侵权的可疑图片，快速发现侵权行为，使得图腾平台不但可以实现版权存证，还可以实现版权检测、维权等。

区块链技术和 AI 技术结合，可以实现"攻""守"兼备。AI 技术发现侵权行为后，对该侵权行为进行在线取证；而区块链技术，可以将这些侵权证据、取证过程记录下来，成为可信的存证。借助区块链、人工智能等技术，百度图腾打造了一个图片权属存证、侵权检测、维权服务的全链路版权服务平台，该系统覆盖全网千亿规模的数据，识别的准确率超过 99%，可以全天候运行，万张图片最快 2 小时即可产出版权检测报告。

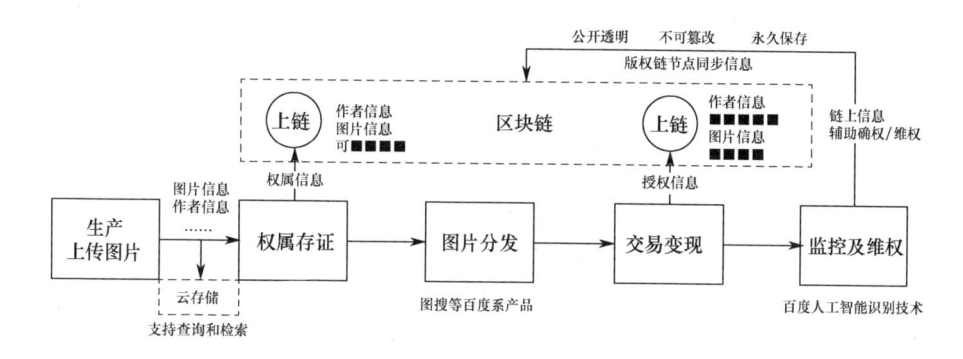

图 6-6 百度图腾业务流程

6.3.3 区块链+边缘计算：不怕被切断的独立系统

边缘计算是指在靠近物或数据源头的一侧，采用网络、计算、存储、应用核心能力为一体的开放平台，就近提供服务。边缘计算伴随着物联网的发展而出现。对物联网而言，边缘计算技术取得突破，意味着通过本地设备就可实现数据分析与控制，无须交付云端处理。这将大大提升数据处理效率，减轻云端负荷，为用户提供更快速的响应。

边缘计算面临一个巨大的挑战。云计算由于是集中化平台架构，在大型的数据中心都有着极其完备的安全防护系统和容灾备份方案，能很好地保证数据的传输和存储安全。但边缘计算设备由于数量众多，位置分布比较分散且环境十分复杂，很多设备内部是计算能力较弱的嵌入式芯片系统，很难实现自我安全保护。如何解决这种非安全环境下的数据的安全问题将是一大挑战。区块链可以很好地解决这个问题。

在物联网中，边缘设备的接入都是不存在等级差别的节点，只是作为云计算平台在边缘计算能力的补充，这点正好满足区块链技术构建节点对节点的对等网络架构要求。基于此，可在边缘构建一个基于区块链技术的私有链，只有得到授权才能接入私有链，保证了企业可以在非可信环境中的数据计算和处理安全。因为即使接入私有链的任何一台边缘设备遭到攻击或数据被损毁，其他的边缘设备依然能保证数据的安全，且很难被篡改。

边缘计算和区块链结合，即把区块链的节点部署在具备边缘计算能力的物联网设备中。这样每个节点都具备计算能力，同时不需要任何服务器。多中心化的服务器不等于去中心，而完全基于边缘计算的节点，则是真正去中心化的区块链。

基于边缘计算的区块链，每个设备都是一个节点，是见证人，也是可信数据库，更是赏罚分明的裁判。因此，边缘计算与区块链结合，即使被切断与后台、云中心、大脑的连接，区块链+边缘计算仍具有算力计算、安全机制，保障边缘设备正常工作。

边缘计算与区块链结合，比如摄像头，组成一个私有链，个别节点被侵入或破坏，不影响整个边缘的数据，而且不能篡改私有链中的数据。

6.3.4 区块链+云服务：快速部署的 BaaS

BaaS 是 Blockchain as a Service（区块链即服务）的缩写，最开始是由微软与 IBM 提出。微软 2015 年 11 月宣布在 Azure 云平台中提供 BaaS 服务，IBM 在 2016 年 2 月宣布推出区块链服务平台。之后，越来越多的互联网巨头公司及区块链垂直领域公司加入 BaaS 研发中。

BaaS 是一种将区块链和云计算深度结合的新型云服务，通常是一个基于云服务的企业级的区块链开放平台，可一键式快速部署接入、拥有去中心化信任机制，支持私有链、联盟链或多链，拥有私有化部署与丰富的运维管理等特色能力。

BaaS 通过把计算资源、通信资源、存储资源，以及上层的区块链记账能力、区块链应用开发能力、区块链配套设施能力转化为可编程接口，让应用开发过程和应用部署过程简单而高效，同时通过标准化的能力建设，保障区块链应用的安全可靠，对区块链业务的运营提供支撑，解决弹性、安全性、性能等运营难题。BaaS 帮助用户创建、管理和维护企业级区块链网络及应用，具有降低开发及使用成本、快速部署、方便易用、高安全可靠等特性，是为区块链应用开发者提供区块链服务能力的平台。

目前全国已有多家 BaaS 平台，主要以云服务厂商为主，包括阿里云 BaaS、腾讯云 TBaaS、华为云 BCS 等。下文以华为的 BCS 为例介绍。

华为云区块链服务 BCS（Block Chain Service）是基于 Hyperledger Fabric 面向企业及开发者的区块链技术平台服务，它可以帮助用户在华为云上快速部署、管理、维护区块链网络，降低使用区块链的门槛，让用户专注于自身业务的开发与创新，实现业务快速上链。

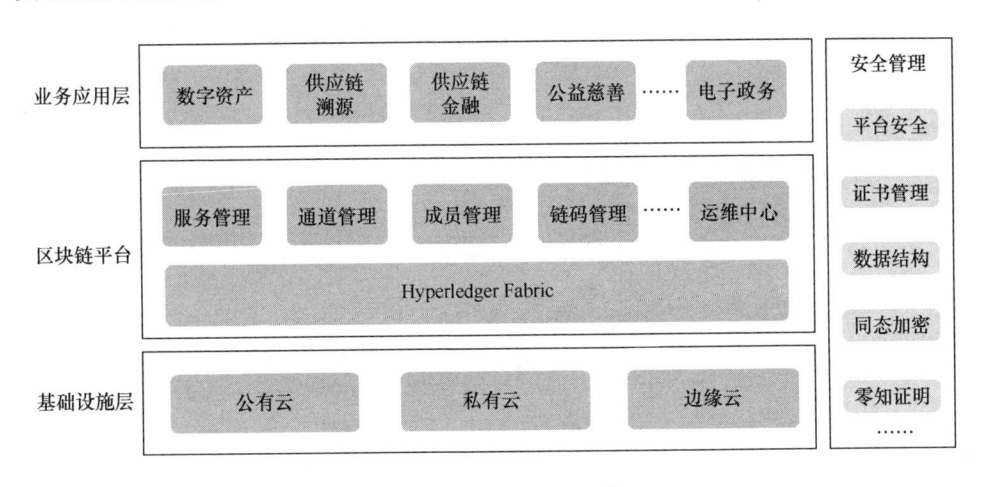

图 6-7 华为云 BCS 架构

BCS 整体分为以下四个部分。

（1）基础设施层。

创建区块链网络需要使用的底层资源，包括节点计算资源、存储资源等，用于网络中数据计算及存储。基于华为云平台，用户可以方便地按需购买需要的资源，同时支持私有云及边缘云部署。

（2）区块链平台。

基于 Hyperledger Fabric 框架，提供区块链技术的服务平台，包括服务管理、通道管理、成员管理、链码管理等模块，帮助用户快速创建、方便管理、高效运维区块链网络，为上层应用提供企业级区块链系统。

（3）业务应用层。

区块链服务 BCS 可应用于各大行业的多种场景中，例如供应链金融、供应链溯源、数字资产、公益慈善、电子政务等，各行业业务应用对接区块链平台，保证业务数据可信、安全。

（4）安全管理。

由华为云平台安全体系、Hyperledger Fabric 框架安全及创新的加密算法组成，为区块链节点、账本、智能合约及上层应用提供全方位的安全保障。

华为云区块链服务 BCS 提供一键购买区块链服务功能，将所需资源的购买集成至同一页面，可以一键购买区块链服务。目前官方报价，以中档的企业版为例，提供 2 组织 X2 节点 X2 通道，每月为 1 万元人民币（仅 BCS 服务价格，不包括云服务）。

图 6-8　华为 BCS 购买服务界面

参 考 文 献

[1] 把区块链作为核心技术自主创新重要突破口−加快推动区块链技术和产业创新发展，《人民日报》（2019 年 10 月 26 日 01 版）.
http://politics.people.com.cn/n1/2019/ 1026/c1024-31421530.html.
[2] 中国信息通信研究院可信区块链推进计划（系列白皮书、会议资料等）.
[3] 中国信息通信研究院. 链接未来[M]. 北京：人民邮电出版社，2019.
[4] Hyperledger 官网[EB/OL].
https://www.hyperledger.org/.
[5] Libra 白皮书[EB/OL].
https://libra.org/zh-CN/white-paper/.
[6] 李洪涛，曾宇等. 深入探索区块链[M]. 北京：人民邮电出版社，2019.
[7] 张增骏，董宁等. 深度探索区块链：Hyperledger 技术与应用[M]. 北京：机械工业出版社，2018.
[8] 闫莺，郑凯，郭众鑫. 以太坊技术详解与实战[M]. 北京：机械工业出版社，2018.
[9] 阿尔文德·纳拉亚南，约什·贝努等. 区块链技术驱动金融-数字货币与智能合约技术[M]. 北京：中信出版集团，2016.
[10] 唐·塔普斯科特，亚力克斯·塔普斯科特等. 区块链革命[M]. 北京：中信出版集团，2016.
[11] 长铗，韩锋等. 区块链 从数字货币到信用社会[M]. 北京：中信出版集团，2016.
[12] Nakamoto S. Bitcoin: A peer-to-peer electronic cash system[EB/OL].（2017-11-23）https://bitcoin.org/bitcoin.pdf.
[13] Buterin V. A next-generation smart contract and decentralized application platform[EB/OL]. https: //github.com/ethereum/wiki/wiki/%5BEnglis%5DWhtie-Paper.
[14] 姜晖. 区块链在建筑领域数字产权保护中的应用研究[J]. 建筑经济，2019（3）：117-120.
[15] 张成岗. 区块链技术发展、社会变革和风险挑战[J]. 学术前沿，2018（6）：33-43.
[16] 中国版权保护中心官网文档[EB/OL].
http://www.ccopyright.com.cn/
[17] 中国版权保护中心公告第 15 期[EB/OL].http://www.ccopyright.com.cn/index.php?optionid=

998&method=view&auto_id=538

[18] 首都知识产权服务业协会.版全家：DCI 体系一小步，数字版权一大步[EB/OL].
http：//www.capitalip.org/news_detail_11864.html.

[19] 工行金融科技布局首度曝光[EB/OL].

http://finance.sina.com.cn/stock/relnews/hk/2019-05-10/doc-ihvhiews1104360.shtml

[20] 经过身份验证的数据结构[EB/OL].

https://blog.csdn.net/YSS_33521/article/details/103227766

[21]李思. 全国首个司法区块链系统上线,法律法规认定标准亟待完善[EB/OL].

http://www.shfinancialnews.com/xww/2009jrb/node5019/node5036/fz/u1ai207810.html

[22]蚂蚁金服：用区块链技术追踪每一笔善款去向[EB/OL].

http://www.sohu.com/a/108431336_114984

[23]一键溯源！天猫、菜鸟联合出手，五常大米有了专属"身份证"[EB/OL].

http://dy.163.com/v2/article/detail/DQFICPB60519T3VR.html

[24] 腾讯研究院.揭秘！不蹭热点的腾讯区块链，落地 800 家企业，这才是区块链的正确用法 [EB/OL]. http://www.sohu.com/a/228265275_455313

[25] 姚前. 数字货币的前世与今生[J].中国法律评论,2018(6):169-176.

[26] 姚前. 中央银行数字货币原型系统实验研究[J].软件学报,2018(9):2716-2732.

[27]Zion 全球首发，蓝牙 Mesh 自组网区块链催生沟通的范式革命[EB/OL].

https://baijiahao.baidu.com/s?id=1607043380440818229&wfr=spider&for=pc

[28] 链擎 360. IBM 为基于区块链的 Web 浏览器申请专利 [EB/OL].

http://www.sohu.com/a/333066677_100204043

[29] 浙江省财政厅.浙江省借力区块链技术推进医疗 电子票据改革成效[EB/OL].

http://www.zjczt.gov.cn/art/2019/11/19/art_1416786_40351091.html

[30] 蚂蚁金服科技. 蚂蚁金服推出全球首个区块链跨境汇款服务[EB/OL].

http://www.sohu.com/a/237709281_99940985

[31]陆通.关于区块链与价值传递的思考[EB/OL].

https://www.jinse.com/news/bitcoin/335381.html

[32]腾讯网。众安科技推出保险通证，"飞享e生"成为首个保险资产通证产品[EB/OL].

https://new.qq.com/rain/a/20181023A0M9RX

[33]众安科技，众安保险等. 基于区块链资产协议的保险通证白皮书[EB/OL].

https://www.3mbang.com/p-3196585.html

[34]比特币钱包地址、私钥和公钥：到底是啥关系？[EB/OL].

http://www.wkn.cc/index.php?case=archive&act=show&aid=2011

[35]俄罗斯地区使用区块链投票系统进行地方青年议会选举[EB/OL].

https://www.55coin.com/article/5577.html

[36] 区块链在数字身份上的应用都有哪些？[EB/OL].

http://baijiahao.baidu.com/s?id=1603849880576106233&wfr=spider&for=pc

[37] 区块链与数字身份的结合——uPort 调研报告[EB/OL].

https://www.jianshu.com/p/71cf4f9a98c2

[38] 微软去中心化身份项目 DID[EB/OL].

https://weibo.com/ttarticle/p/show?id=2309404377239595692196

[39] 浅谈你们根本不懂的区块链游戏[EB/OL].

https://www.jianshu.com/p/bd600592126c

[40] 智能合约如何可信的与外部世界交互[EB/OL].

https://blog.csdn.net/qq1263292336/article/details/79950319?utm_source=blogxgwz3

[41] 法国保险巨头安盛保推出区块链技术航空保险 可自动赔偿航班延误旅客[EB/OL].

https://www.jinse.com/news/blockchain_business_news/78191.html

[42] 世界银行发售 3380 万美元区块链债券[EB/OL].

http://finance.sina.com.cn/roll/2019-08-20/doc-ihytcern2246980.shtml

[43] 搞清区块链技术的几个概念[EB/OL].

https://www.jianshu.com/p/62882aad502a

[44] 周亮.什么是非对称加密和对称加密[EB/OL].

http://www.elecfans.com/blockchain/996862.html

[45] 区块链共识机制[EB/OL].

https://www.jianshu.com/p/9c12164c1e1c

[46] 区块链（智能合约、DApp）[EB/OL].

https://blog.csdn.net/m0_37722557/article/details/79899847

[47] 各种跨链技术阐述对比[EB/OL].

https://cloud.tencent.com/developer/news/205102

[48] 一文看懂区块链性能解决方案：分片[EB/OL].

https://blog.csdn.net/mrrqaer7ci9s2v0/article/details/94418426

[49] 有向无环图 DAG 技术[EB/OL].

https://www.jianshu.com/p/a248ef36bf72

[50] 什么是 Ricardian Contract 李嘉图合约[EB/OL].

https://www.jianshu.com/p/63782beec373

[51] 任泽平：Libra 优势与挑战并存[EB/OL].

https://shandong.hexun.com/2019-08-02/198073918.html

[52] 7 家欧洲银行将采用 IBM 的区块链贸易融资解决方案[EB/OL].

http://news.idcquan.com/scqb/120560.shtml

[53] 5万斤"链橙"半小时售罄,中粮首试区块链电商大获成功[EB/OL].

http://www.sohu.com/a/205735641_785858

[54] 微软 Azure 官网文档[EB/OL].

https://azure.microsoft.com

[55] 阿里巴巴达摩院官网文档[EB/OL].

https://damo.alibaba.com/

[56] 腾讯云 TbaaS 官网文档[EB/OL].

https://cloud.tencent.com/document/product/663

[57] 百度超级链官网文档[EB/OL].

https://xchain.baidu.com/

[58] 华为云 BCS 官网文档[EB/OL].

https://support.huaweicloud.com/bcs/index.html

[59] 海尔 cosmoplat 官网文档[EB/OL].

https://www.cosmoplat.com/

[60] 冷合礼. 海尔为什么需要区块链[EB/OL].

http://www.logclub.com/articleInfo/NjQyMi1jNzc5ODZmMA==?dc=10

[61] 应用区块链,破题产业互联网[EB/OL].

http://jnrb.e23.cn/shtml/jnsb/20181123/1766307.shtml

[62] 国盛证券研究所. 央行再谈法定数字货币,区块链产业有望受益[R].慧博资讯, http: //www.hibor.com.cn

后　　记

　　数字世界与物理世界的本质区别之一，就是数字世界里的一切，可以凭空地消失、增加或是篡改，而物理世界则不会，至少会受到物质转化的制约。数字技术与农业、制造业、建筑业、服务业结合的时候，需要一种坚实的底层技术，来记录下数字世界的所有变化，而不能随意地增、删、改，区块链可以承担这个重任，成为数字世界与物理世界一一对应的基石。

　　区块链是一个技术体系，更是一种思想，这种去中心化、不可篡改、隐私保护的思想，结合各种新兴的信息技术，应用在各行业相关的场景之中，将发挥出不可估量的作用。习近平总书记在2019年10月24日的中央政治局第十八次集体学习时强调："要把区块链作为核心技术自主创新的重要突破口，明确主攻方向，加大投入力度，着力攻克一批关键核心技术，加快推动区块链技术和产业创新发展。"党中央对区块链技术及产业应用的前瞻性部署，显示出了区块链技术所蕴含的巨大潜力。

　　区块链技术易学难精，目前整个领域还处于探索研究阶段。很多学者、专家、从业者、爱好者，都贡献并共享了很多技术、思想、观点，以及场景和案例。正是有这些先行者的无私分享，才促进了整个区块链领域的发展，也是我学习研究区块链的基础和动力。我对区块链的认知还很不成熟，这本书是我目前对区块链的一点总结和观点，希望可以帮助读者较为全面地认识、理解区块链，也请各界朋友对本书提出建议和意见，以后我还将在区块链领域不断地学习和探索。

　　感谢广联达公司领导为我的区块链研究提供的帮助；感谢信通院可信区块链推进计划项目，为我国区块链产业搭建了一个很好地交流平台，我因此结识到了很多专家和朋友，也学习到了区块链发展的很多最新成果；感谢倪光南院士、何宝宏所长为本书撰写推荐语；感谢我的家人对我这本书的支持。